LOGOS

L'essentiel du vocabulaire espagnol

Hélène MOUFFLET

Professeur agrégé en Classes Préparatoires
au lycée Chaptal, Paris

ellipses

Du même auteur, chez le même éditeur :

- *Du mot à la phrase. Vocabulaire espagnol contemporain*, 192 pages.
- *Dossiers de civilisation espagnole*, 160 pages.

ISBN 978-2-7298-4920-7

www.editions-ellipses.fr

PRÉFACE

Cet ouvrage est une version simplifiée du volume *Du Mot à la Phrase.*

Il s'adresse aux élèves de second cycle des lycées, et, en particulier, aux élèves de terminale.

1. Comme dans *Du Mot à la Phrase*, il est divisé en 8 parties et 40 chapitres thématiques : listes de mots, expressions et phrases.

2. Les répétitions ont été, dans la mesure du possible, évitées ; mais certains chapitres se complètent (l'Agriculture et Campagne et Plantes, ou bien La Géographie et La Météo) et le mieux est de se reporter aux chapitres correspondants.

3. Les verbes sont indiqués à l'infinitif (pour les verbes qui diphtonguent, une liste se trouve en fin de volume, sans la traduction mais par ordre alphabétique, ce qui permettra de vérifier l'irrégularité au fur et à mesure de l'étude des chapitres).

4. Les adjectifs sont mentionnés au masculin singulier, les substantifs au singulier précédé de l'article le pluriel n'est pas précisé sauf lorsqu'il y a un accent tonique différent au singulier et au pluriel, ou bien un déplacement d'accent; ou encore un article différent à cause du “ a ” initial accentué en espagnol.

Par exemple : el carácter ; los caracteres.

Ou encore obligation d'écrire l'accent au pluriel : par exemple : una imagen : imágenes.

Dans les parties signalées comme vocabulaire spécialisé, il ne s'agit pas de mots plus difficiles ou rares mais de formations particulières. Quand il peut y avoir une difficulté de compréhension, un numéro renvoie à une note explicative en fin de volume.

5. Parmi les expressions et phrases, il se trouve un certain nombre de proverbes ; ils ne sont pas soulignés, la traduction française rend compte de la tournure proverbiale ; il s'agit souvent d'un équivalent.

TABLE DES MATIÈRES

I. EL HOMBRE

1. EL CUERPO HUMANO LE CORPS HUMAIN

Vocabulaire général

el cuerpo	le corps
el corazón	le cœur
la sangre	le sang
el estómago	l'estomac
el esqueleto	le squelette
un hueso	un os
la columna vertebral	la colonne verté brale
el cráneo	le crâne
la carne	la chair
la piel	la peau
el cuello	le cou
la garganta	la gorge
un pulmón	un poumon
la espalda	le dos
el hombro	l'épaule
el trasero	le postérieur
las caderas	les hanches
las nalgas	les fesses
físico	physique
corpóreo	corporel
un miembro	un membre
un brazo	un bras
una mano	une main
el puño	le poing
un dedo	un doigt
la uña	l'ongle
la muñeca	le poignet
una pierna	une jambe
la rodilla	le genou
la pantorrilla	le mollet
el tobillo	la cheville
el muslo	la cuisse
el músculo	le muscle
el pie	le pied
el codo	le coude
los nudillos	les articulations (des doigts)
la cabeza	la tête
la cara	le visage
el rostro	le visage
el cerebro	le cerveau
los cabellos	les cheveux
el pelo	les cheveux
la cabellera	la chevelure
la melena	la crinière
un cabello	un cheveu
las canas	les cheveux blancs
el pelo cano	les cheveux blancs
entrecano	poivre et sel
moreno	brun
rubio	blond
castaño	châtain
rizado	frisé
lacio	raide
liso	lisse
el pelo crespo	les cheveux crépus
un mechón	une mèche
un bucle	une boucle
el flequillo	la frange
la nariz	le nez
la boca	la bouche
los labios	les lèvres
el bigote	la moustache
las barbas	la barbe
la barbilla	le menton
los pómulos	les pommettes
a mejilla	la joue
el carrillo	la joue
las arrugas	les rides

llos párpados	les paupières
las pestañas	les cils
las cejas	les sourcils
la frente	le front
la sien	la tempe
un diente	une dent
una muela	une molaire
la lengua	la langue
las quijadas	les mâchoires
las encías	les gencives
un ojo	un œil
una lágrima	une larme
la oreja	l'oreille
las pecas	les taches de rousseur
un lunar	un grain de beauté
el continente	l'allure
el aliento	le souffle
la voz	la voix
hermoso	beau
guapo	beau
bello	beau
bonito	joli
feo	laid

ligero	léger
pesado	lourd
flaco	maigre
delgado	mince
gordo	gros
obeso	obèse
alto	grand
bajo	petit
un enano	un nain
recio	robuste
musculoso	musclé
rechoncho	trapu
flojo	faible
cojo	aveugle
ciego	bossu
jorobado	boiteux
bizco	louche
tuerto	borgne
ágil	agile
sordo	sourd
arrugado	ridé
sordomudo	sourd muet
sano	sain
esbelto	svelte

Vocabulaire spécialisé

MOVIMIENTOS Y ADEMANES — MOUVEMENTS ET GESTES

un movimiento	un mouvement
un paso	un pas
un salto	un saut
un intento	un essai
la ida	l'aller
ida y vuelta	aller et retour
un encuentro	une rencontre
un adelanto	un pas en avant
un avance	un pas en avant
un progreso	un progrès
una colocación	une place
la paciencia	la patience
la impaciencia	l'impatience
la busca	la recherche
la búsqueda	la recherche
una llamada	un appel
un llamamiento	un appel
un golpe	un coup
una paliza	une raclée
una ruptura	une rupture
una mordedura	une morsure
una picadura	une piqûre
una tentativa	une tentative
el baile	la danse

la danza	la danse
la carrera	la course
un sobresalto	un sursaut
salir	sortir
ir	aller
dejar	laisser, quitter
seguir	suivre
marcharse	s'en aller
cesar	cesser
venir	venir
encontrar	rencontrer
empujar	pousser
sacar	retirer
moverse	bouger
adelantarse	avancer
avanzar	avancer
asir	saisir
agarrar	attraper
estar de pie	être debout
levantarse	se lever
tumbarse	se coucher
poner	mettre
colocar	placer
disponer	disposer

traer	apporter
llevar	porter
efectuar	effectuer
soportar	supporter
aguantar	supporter
arrastrar	traîner
ir por	aller chercher
pesar	peser
llamar	appeler
pegar	frapper
golpear	frapper
romper	casser
quebrar	briser
morder	mordre
picar	piquer
pinchar	crever
echar	lancer
arrojar	lancer
tirar	jeter
tirar de	tirer
intentar	essayer
tratar de	essayer
bailar	danser
arrodillarse	s'agenouiller
correr	courir
escapar	s'échapper
precipitarse	se précipiter
nadar	nager
trepar	grimper
encaramarse	se jucher
saltar	sauter
brincar	bondir
empezar	commencer
sobresaltarse	sursauter
herir	blesser
esconderse	se cacher
cortar	couper
volverse	se tourner
dar	donner
abandonar	abandonner
parecer	paraître
buscar	chercher
dormir	dormir
descansar	se reposer
permanecer	rester
quedar	rester
sobrevivir	survivre
soplar	souffler
respirar	respirer
toser	tousser
formar	former
estornudar	éternuer
estremecerse	frissonner
pelear	lutter
luchar	lutter
trabajar	travailler
practicar	pratiquer
ejercer	exercer

GESTOS EXPRESSIONS DU VISAGE

reír	rire
sonreír	sourire
gritar	crier
llorar	pleurer
sollozar	sangloter
hablar	parler
callar	se taire
balbucear	balbutier
tartamudear	bégayer
chillar	crier
cantar	chanter
canturrear	chantonner
sonarse	se moucher
suspirar	soupirer
palidecer	pâlir
ruborizarse	rougir (de plaisir)
sonrojarse	rougir (de honte)
cejar	lâcher prise
sudar	suer
temblar	trembler
jadear	haleter
marearse	se sentir mal
sufrir	souffrir
padecer	souffrir
asentir	acquiescer
negar	nier
risueño	souriant
sonriente	souriant
burlón	moqueur
lacrimoso	larmoyant
adusto	sévère
ameno	aimable
un ademán	un geste, une mimique
un gesto	une expression
una mueca	une grimace
un guiño	un clin d'œil

Expressions et phrases

andar a tientas	marcher à tâtons
andar a oscuras	marcher dans le noir
hacer algo a medias	faire quelque chose à moitié
hacer algo a regañadientes	faire quelque chose à contrecœur
hacer algo a escondidas	faire quelque chose en cachette
decir a las claras	dire clairement
estar a sus anchas	être à l'aise
sentarse a horcajadas	s'asseoir à califourchon
estar en cuclillas	être accroupi
hablar a tontas y a locas	parler à tort et à travers
quedar a solas	rester seul
echar una mirada	jeter un coup d'œil
echar un vistazo	jeter un coup d'œil
echar una ojeada	jeter un coup d'œil
dar una patada	donner un coup de pied
dar un manotazo	donner un coup avec la main
dar un codazo	donner un coup de coude
dar un puñetazo	donner un coup de poing
dar palmadas	frapper dans ses mains
soltar una carcajada	éclater de rire
hacer visajes	faire des grimaces
gritar a voz en cuello	crier à tue-tête
echar voces	pousser des cris
pasar las de Caín	en voir de toutes les couleurs
no tenerlas todas consigo	ne pas être très rassuré
No hay quien lo aguante	Il est insupportable.
volver los ojos	tourner les yeux.
mirar de reojo	regarder du coin de l'œil
mirar con el rabillo del ojo	regarder du coin de l'œil
ir con mucho ojo	faire très attention
Lo ha hecho a cierra ojos	Il l'a fait les yeux fermés.
aguzar el ojo	ouvrir l'œil
aguzar el oído	tendre l'oreille
fruncir el ceño	froncer les sourcils
alzar la cabeza	lever la tête
guiñar los ojos	cligner des yeux
alzar las cejas	hausser les sourcils
decir en voz alta	dire tout haut
no decir esta boca es mía	ne pas dire un mot
hacer una señal	faire un signe
romper a reír	éclater de rire
romper a llorar	se mettre à pleurer
Le tengo entre ojos	Je ne peux pas le sentir.
apretar los dientes	serrer les dents
hablar por los codos	avoir la langue bien pendue
llorar a lágrima viva	pleurer à chaudes larmes
hacer la vista gorda	fermer les yeux
hacer oídos sordos	faire la sourde oreille
estar partido de risa	être mort de rire

tener agarrotada la garganta	avoir la gorge serrée
Si te vi no me acuerdo	ni vu ni connu
Di un tropezón y por poco me caigo.	J'ai fait un faux pas et j'ai failli tomber.
desandar lo andado	rebrousser chemin
No levanta dos palmos del suelo.	Il est haut comme trois pommes.
Era un hombre de mediana estatura.	C'était un homme d'une taille moyenne.
Se te ve muy bien.	Tu as l'air très en forme.
Esta chica ha salido a su madre.	Cette fille tient de sa mère.
No es lo bastante robusto como para llevar todo esto.	Il n'est pas assez fort pour porter tout ça.
Está a dieta, quiere adelgazar.	Elle est au régime, elle veut maigrir.
El hombre del pelo rubio es mi hermano.	L'homme aux cheveux blonds est mon frère.
Lleva el pelo corto.	Elle a les cheveux courts.
No hace nada,está mano sobre mano.	Il ne fait rien, il reste les bras croisés.
Me cae fea	Je la trouve laide.
Es un pueblo dejado de la mano de Dios	C'est un village perdu.
Ojos que no ven, corazón que no siente.	Loin des yeux, loin du cœur.
Están de uñas.	Ils sont comme chien et chat.
saber al dedillo	savoir sur le bout des doigts
no dar su brazo a torcer	ne pas lâcher prise

LOS SENTIDOS — LES SENS

la vista	la vue
el oído	l'ouïe
el olfato	l'odorat
el gusto	le goût
el tacto	le toucher
ver	voir
percibir	percevoir
divisar	apercevoir
vislumbrar	apercevoir
otear	guetter
escrutar	scruter
ojos claros	des yeux clairs
ojos oscuros	des yeux sombres
ojos zarcos	des yeux bleu clair
ojos azul claro	des yeux bleu clair
ojos verdes	des yeux verts
visible	visible
invisible	invisible
deslumbrar	éblouir
resplandecer	resplendir
lucir	briller
alumbrar	éclairer
cegar	aveugler
aclarar	éclaircir
visual	visuel
vistoso	voyant
chillón	criard
miope	myope
chispeante	étincelant
fugaz	fugace
borroso	flou
pálido	pâle
la luz	la lumière
el reflejo	le reflet
el resol	la réverbération
reflejar	refléter
la imagen (imágenes)	l'image
el tono	le ton
un relámpago	un éclair
un tinte	une teinte
una chispa	une étincelle
un destello	un éclat
un brillo	un éclat
el claroscuro	le clair-obscur
a contraluz	à contre-jour
en pleno sol	en plein soleil
oír	entendre
escuchar	écouter
auditivo	auditif
el ruido	le bruit
el sonido	le son
un estruendo	un fracas
un estrépito	un fracas
un estampido	une détonation
un silbido	un sifflement
el timbre	la sonnette
sentir	entendre
sonar	résonner
silbar	siffler

ensordecer	assourdir	**un sorbo**	une gorgée
repercutir	répercuter	**un trago**	une gorgée
crujir	craquer	**el sabor**	le goût, la saveur
chirriar	grincer	**saber a**	avoir goût de
chisporrotear	crépiter	**azucarado**	sucré
tronar	tonner	**dulce**	sucré
el eco	l'écho	**salado**	salé
la resonancia	la résonance	**agridulce**	aigre-doux
ruidoso	bruyant	**picante**	piquant
silencioso	silencieux	**soso**	fade
callado	silencieux	**insípido**	insipide
apacible	paisible	**agrio**	aigre
sereno	calme	**ácido**	acide
la tonalidad	la tonalité	**rico**	bon
la nota	la note	**delicioso**	délicieux
el acuerdo	l'accord	**deleitoso**	délicieux
agudo	aigu	**amargo**	amer
grave	grave	**exquisito**	exquis
oler	sentir (odorat)	**tocar**	toucher
olfatear	flairer	**palmotear**	battre des mains
perfumar	parfumer	**manejar**	manier
el olor	l'odeur	**maniobrar**	manœuvrer
olfactivo	olfactif	**rasgar**	déchirer
el tufo	le relent	**rozar**	frôler
el perfume	le parfum	**acariciar**	caresser
la fragancia	le parfum	**rascar**	gratter
un efluvio	un effluve	**quemar**	brûler
un aroma	un arôme	**amargar**	affliger
fragante	odorant	**el roce**	l'effleurement
aromático	aromatique	**una caricia**	une caresse
perfumado	parfumé	**la quemazón**	la brûlure
probar	goûter	**la quemadura**	la brûlure
el paladar	le palais	**suave**	doux
apreciar	apprécier	**la suavidad**	la douceur
degustar	déguster	**sedoso**	soyeux
saborear	savourer	**aterciopelado**	velouté
paladear	savourer	**áspero**	dur
sorber	absorber	**blando**	mou
tragar	avaler	**rugoso**	rugueux
endulzar	sucrer		

Vocabulaire spécialisé

un timbrazo	un coup de sonnette
una campanada	un son de cloche
un rayazo	un coup de foudre
un manotazo	un geste violent
un pistoletazo	un coup de pistolet
un martillazo	un coup de marteau
un cañonazo	un coup de canon

Expressions et phrases

estar ojo alerta	être vigilant
estar ojo avizor	être vigilant
a ojos cerrados	à vue d'œil
a ojos vistas	les yeux fermés
a cierra ojos	les yeux fermés
Esto vale un ojo de la cara.	Cela vaut les yeux de la tête.
no pegar el ojo en toda la noche.	ne pas fermer l'œil de la nuit
no quitarle ojo a uno	avoir quelqu'un à l'œil
en un abrir y cerrar de ojo	en un clin d'œil
Le conozco de oídas	Je le connais par ouï-dire.
Siento pasos en el corredor	J'entends des pas dans le couloir.
Dan las seis.	Six heures sonnent.
Este pastel sabe a canela	Ce gâteau a goût de cannelle.
Se le hace agua la boca.	Il en a l'eau à la bouche.
¡Qué bueno! ¡está riquísimo!	Comme c'est bon ! c'est délicieux !
un aguafiestas	un trouble-fête
ir con mucho tiento	prendre des précautions
bañarse en agua de rosas	être aux anges
No me suena.	Cela ne me dit rien (ne me rappelle rien).

2. EL ESPÍRITU Y LOS SENTIMIENTOS
L'ESPRIT ET LES SENTIMENTS

Vocabulaire général

EL CARÁCTER — LE CARACTÈRE

el carácter (caracteres)	le caractère
un defecto	un défaut
un vicio	un vice
alegre	gai
triste	triste
agradable	agréable
gracioso	drôle
divertido	drôle
travieso	espiègle
encantador	charmant
pesimista	pessimiste
optimista	optimiste
fatalista	fataliste
decidido	décidé
un rasgo	un trait
una cualidad	une qualité
ávido	avide
inquieto	inquiet
reticente	réticent
resignado	résigné
indiferente	indifférent
melancólico	mélancolique
taciturno	taciturne
orgulloso	orgueilleux
soberbio	orgueilleux
vanidoso	vaniteux
ufano – arrogante	fier
altivo	hautain
cariñoso	affectueux

"C'est un curieux endroit pour demander l'aumône mais il agit par espièglerie"... Tristan et Yseut page 191

atractivo	attirant
fascinante	fascinant
ardiente	ardent
tierno	tendre
amistoso	amical
franco	franc
sincero	sincère
leal	loyal
fiel	fidèle
serio	sérieux
amable	aimable
bueno	bon
simpático	sympathique
cortés	courtois
comprensivo	compréhensif
insensible	insensible
tolerante	tolérant
intolerante	intolérant
indulgente	indulgent
benévolo	bienveillant
severo	sévère
adusto	sévère
despiadado	impitoyable
testarudo	têtu
cruel	cruel
amargo	amer
celoso	jaloux
envidioso	envieux
engañoso	trompeur
mentiroso	menteur
embustero	menteur
hipócrita	hypocrite
odioso	odieux
despreciativo	méprisant
egoísta	égoïste
prudente	prudent
imprudente	imprudent
descuidado	téméraire
temerario	négligent
atrevido	hardi
intrépido	intrépide
tímido	timide
miedoso	craintif
reservado	réservé
confiado	confiant
desconfiado	méfiant
quieto	calme
apacible	paisible
charlatán	bavard
holgazán	paresseux
desenvuelto	désinvolte
olvidadizo	oublieux
nervioso	nerveux
cobarde	lâche
colérico	coléreux
impulsivo	impulsif
valeroso	courageux
la alegría	la joie
la tristeza	la tristesse
la melancolía	la mélancolie
el encanto	le charme
la gracia	la drôlerie
el optimismo	l'optimisme
el pesimismo	le pessimisme
la avidez	l'avidité
la codicia	la cupidité
la inquietud	l'inquiétude
la resignación	la résignation
el orgullo	l'orgueil
la soberbia	l'orgueil
la vanidad	la vanité
la delicadeza	la délicatesse
el valor	le courage
la pereza	la paresse
la holgazanería	la paresse
la hipocresía	l'hypocrisie
la franqueza	la franchise
la astucia	l'astuce
la malicia	la malice
la travesura	l'espièglerie
la sinceridad	la sincérité
la lealtad	la loyauté
la fidelidad	la fidélité
el cariño	l'affection
la ternura	la tendresse
la bondad	la bonté
la cortesía	la courtoisie
la crueldad	la cruauté
la terquedad	l'entêtement
la maldad	la méchanceté
la malevolencia	la malveillance
la benevolencia	la bienveillance
el egoísmo	l'égoïsme
el atrevimiento	l'audace
la confianza	la confiance
la desconfianza	la méfiance
la quietud	le calme
la calma	le calme
la desenvoltura	la désinvolture
la mezquindad	la mesquinerie
empeñarse	s'entêter
vanagloriarse	s'enorgueillir
enorgullecerse	s'enorgueillir
burlarse	se moquer
bromear	plaisanter
mentir	mentir
engañar	tromper
envidiar	envier
atreverse a	oser
temer	craindre

tener miedo a	avoir peur	**resignarse**	se résigner
holgar	ne rien faire	**despreciar**	mépriser
codiciar	convoiter	**agradar**	faire plaisir
inquietarse	s'inquiéter		

Expressions et phrases

Se las da de valiente.	Il fait le brave.
Es su punto flaco.	C'est son point faible.
Es muy suyo.	Il est spécial.
Tiene mal genio.	Il a mauvais caractère.
Es loco de atar.	Il est fou à lier.
Lo hizo llevado por un rapto de cólera.	Il a fait ça dans un mouvement de colère.
¡Qué le vamos a hacer!	Qu'y pouvons-nous !
Está muy orgulloso de su trabajo.	Il est très fier de son travail.
Es una mujer de armas tomar.	C'est une forte femme.
Es más atrevido de lo que pensaba.	Il est plus hardi que je ne le pensais.
Genio y figura hasta la sepultura.	Chassez le naturel, il revient au galop.
Es un hombre de fiar.	C'est un homme digne de confiance.
Este chico no tiene enmienda.	Ce garçon est incorrigible.
Tiene a quien salir.	Il a de qui tenir.

LOS SENTIMIENTOS		LES SENTIMENTS	
la dicha	le bonheur	**el temor**	la peur
la felicidad	le bonheur	**el terror**	la terreur
la desdicha	le malheur	**el espanto**	la frayeur
la desgracia	le malheur	**la indignación**	l'indignation
la infelicidad	le malheur	**la indiferencia**	l'indifférence
la satisfacción	la satisfaction	**la confianza**	la confiance
la insatisfacción	l'insatisfaction	**la desconfianza**	la méfiance
el consuelo	la consolation	**la cólera**	la colère
la esperanza	l'espoir	**la ira**	la colère
la desesperanza	le désespoir	**la inquietud**	l'inquiétude
la desesperación	le désespoir	**la congoja**	l'angoisse
la preocupación	la préoccupation	**la ansiedad**	l'anxiété
el cuidado	le souci	**el recelo**	la méfiance
la despreocupación	l'insouciance	**el afán**	le désir ardent
el descuido	la négligence	**el deseo**	le désir
la vergüenza	la honte	**el ánimo**	le courage
la culpabilidad	la culpabilité	**el desánimo**	le découragement
la comprensión	la compréhension	**el desaliento**	le découragement
la piedad	la pitié	**el agradecimiento**	la reconnaissance
la compasión	la pitié	**el remordimiento**	le remords
los celos	la jalousie	**la nostalgia**	la nostalgie
la envidia	l'envie	**la añoranza**	la nostalgie
el amor	l'amour	**el presentimiento**	le pressentiment
el odio	la haine	**el rencor**	la rancune
el cariño	l'affection	**el desengaño**	la désillusion
el desprecio	le mépris	**el aburrimiento**	l'ennui
el desdén	le dédain	**el tedio**	l'ennui
el miedo	la peur	**el hastío**	le fort ennui

un disgusto	un désagrément
la pena	la peine
el pesar	le chagrin
la pesadumbre	le chagrin
el padecimiento	la souffrance
el dolor	la douleur
la sorpresa	la surprise
el asombro	l'étonnement
dichoso	heureux
feliz	heureux
desdichado	malheureux
desgraciado	malheureux
infeliz	malheureux
satisfecho	satisfait
insatisfecho	insatisfait
vergonzoso	honteux
culpable	coupable
compasivo	compatissant
celoso	jaloux
envidioso	envieux
amoroso	amoureux
enamorado	amoureux
espantado	effrayé
indignado	indigné
furioso	furieux
enfadado	fâché
sorprendido	surpris
asombrado	étonné
agradecido	reconnaissant
contrito	affligé
resentido	fâché
consolar	consoler
desesperar	désespérer
preocuparse	se faire du souci
avergonzarse	avoir honte
envidiar	envier
odiar	haïr
querer	aimer
amar	aimer passionnément
despreciar	mépriser
desdeñar	dédaigner
respetar	respecter
temer	craindre
indignarse	s'indigner
confiar	faire confiance
desconfiar	se méfier
enfurecerse	se mettre en colère
encolerizarse	se mettre en colère
enfadarse	se fâcher
dispensar	excuser
disculparse	s'excuser
sufrir	souffrir
padecer	souffrir
agradecer	remercier
presentir	pressentir
arrepentirse	se repentir
presumir	prétendre
agradar	faire plaisir
gustar	plaire
desagradar	déplaire
asombrar	étonner
extrañar	étonner

Expressions et phrases

echar de menos	regretter
echar en falta	regretter
Será un placer.	Avec plaisir.
Temo que no pueda cumplir con su promesa.	Je crains qu'il ne puisse pas tenir sa promesse.
Tiene miedo a que su madre no se lo permita.	Il a peur que sa mère ne le lui permette pas.
Está orgulloso de su obra.	Il est fier de son œuvre.
No cabe en sí de alegría.	Il ne se tient plus de joie.
Me gustaría más que me lo dijera francamente.	J'aimerais mieux qu'il me le dise franchement.
¡Mucho gusto!	Enchanté!
¡Qué lástima que no hayas podido venir!	Quel dommage que tu n'aies pas pu venir !
¡Ojalá vuelva pronto!	Pourvu qu'il revienne bientôt !
Lo siento pero no lo haré.	Je regrette mais je ne le ferai pas.
¿Te hace gracia lo que dice?	Cela t'amuse ce qu'il raconte ?
¡A mí tanto me da!	Cela m'est égal !

¿No te importa que vaya contigo?	Cela ne te dérange pas que j'aille avec toi ?
Vale la pena verlo.	Cela vaut la peine d'être vu.
Nos sentimos a gusto aquí.	Nous nous sentons bien ici.
Tengo ganas de ir a América Latina.	J'ai envie d'aller en Amérique latine.
Es lo de menos.	C'est la moindre des choses.
¡Perdóne! Fue sin querer	Excusez-moi, je ne l'ai pas fait exprès.
Te lo agradezco mucho.	Je te remercie beaucoup.
Era presa de una inquietud extraña.	Il était en proie à une étrange inquiétude.
Está de vuelta de todo.	Il est revenu de tout.
Está desganado de todo.	Il n'a envie de rien.
Estoy harta de esta manera de vivir.	J'en ai marre de cette façon de vivre.
Lo dijo en un rapto de ira.	Il a dit ça dans un mouvement de colère.
No está para bromas.	Il n'est pas d'humeur à plaisanter.

LA OPINIÓN / L'OPINION

concebir	concevoir
pensar	penser
opinar	être d'avis
creer	croire
decir	dire
expresar	exprimer
analizar	analyser
reflexionar	réfléchir
sintetizar	synthétiser
escribir	écrire
declarar	déclarer
alabar	louer
inclinarse por	pencher pour
subrayar	souligner
aconsejar	conseiller
influenciar	influencer
influir	influer
estimar	estimer
valorar	évaluer
menospreciar	sous-estimer
apreciar	apprécier
subyugar	subjuguer
despreciar	mépriser
sospechar	soupçonner
engañar	tromper
bromear	plaisanter
turbar	troubler
perturbar	perturber
trastocar	bouleverser
enredar	embrouiller
imaginar	imaginer
inventar	inventer
entender	comprendre
comprender	comprendre
prever	prévoir
adivinar	deviner
predecir	prédire
profetizar	prophétiser
juzgar	juger
cuestionar	remettre en question
notar	remarquer
apuntar	remarquer
examinar	examiner
informar	informer
enterarse	se mettre au courant
aprender	apprendre
enseñar	enseigner
persuadir	persuader
convencer	convaincre
dudar	douter
vacilar	hésiter
enfocar	orienter
recordar	rappeler
deducir	déduire
concluir	conclure
recalcar	souligner
hacer hincapié	souligner
discutir	discuter
debatir	débattre
exponer	exposer
contar	raconter
relatar	raconter
ilustrar	illustrer
remitir	renvoyer à
referirse	se référer
descartar	écarter
significar	signifier
garantizar	garantir
elegir	choisir
escoger	choisir
luchar por	lutter pour
pugnar por	lutter pour
votar	voter
abogar por	plaider pour
ignorar	ignorer
desconocer	méconnaître
conocer	connaître
plantear	poser (un problème)

enunciar	énoncer	**un informe**	un rapport
sugerir	suggérer	**una relación**	un rapport
desvirtuar	dénaturer	**un quiproquo**	un quiproquo
comentar	commenter	**la razón**	la raison
puntualizar	préciser	**la inventiva**	l'esprit inventif
grabar	enregistrer	**un argumento**	un argument
descifrar	déchiffrer	**una trampa**	un piège
desacreditar	discréditer	**la imaginación**	l'imagination
murmurar	médire	**un parecer**	un avis
chismorrear	médire	**un punto de vista**	un point de vue
maldecir	maudire	**un interrogante**	une question en suspens
inmiscuirse	s'immiscer		
meterse	s'immiscer	**el cuestionamiento**	la remise en question
disentir	différer	**la concienciación**	la prise de conscience
discrepa	différer		
comprometerse	s'engager	**el talento**	le talent
entablar	engager (la conversation)	**la perspicacia**	la perspicacité
		un juicio	un jugement
difundir	diffuser	**un prejuicio**	un préjugé
divulgar	divulguer	**el planteamiento**	l'exposé (d'un problème)
afirmar	affirmer		
asegurar	assurer	**el conocimiento**	la connaissance
cerciorarse	s'assurer	**la convicción**	la conviction
aclarar	éclairer	**un elogio**	un éloge
dilucidar	élucider	**la alabanza**	la louange
cundir	se répandre (une rumeur)	**la crítica**	la critique
		la condena	la condamnation
confundir	confondre	**la denuncia**	la dénonciation
empeñarse	s'entêter	**una controversia**	une controverse
abstenerse	s'abstenir	**una discrepancia**	une divergence
apostar	parier	**un acuerdo**	un accord
silenciar	taire	**un litigio**	un litige
transigir	transiger	**una frase trillada**	une phrase toute faite
tajar	couper	**una idea concebida**	une idée reçue
añadir	ajouter	**la segunda intención**	l'arrière pensée
desmitificar	démystifier		
desdramatizar	dédramatiser	**un concepto**	un concept
interpretar	interpréter	**un consejo**	un conseil
definir	définir	**una advertencia**	un avertissement
traducir	traduire	**la certidumbre**	la certitude
ordenar	ordonner	**la certeza**	la certitude
catalogar	cataloguer	**una plática**	un discours
clasificar	classer	**una polémica**	une polémique
la idea	l'idée	**la ceguera**	l'aveuglement
el pensamiento	la pensée	**el desvarío**	l'extravagance
la opinión	l'opinion	**un disparate**	une sottise
el análisis	l'analyse	**las hablillas**	les cancans
la síntesis	la synthèse	**el cotilleo**	le commérage
la reflexión	la réflexion	**la tónica**	la tendance
un decir	une façon de parler	**un deje**	un accent
un dicho	une idée	**un dejo**	un accent
una declaración	une déclaration	**un asomo**	un soupçon (une pointe)
una ponencia	un exposé		
una palabra	un mot	**el acento**	l'accent
un discurso	un discours	**un espejismo**	un mirage

una paradoja	un paradoxe
un interlocutor	un interlocuteur
un oponente	un opposant
un enfrentamiento	un affrontement
verdadero	vrai
falso	faux
veraz	véridique
verídico	véridique
verosímil	vraisemblable
inverosímil	invraisemblable
erróneo	erroné
obvio	évident
solvente	crédible
increíble	incroyable
sospechoso	suspect
dudoso	douteux
equívoco	équivoque
ambiguo	ambigu
sensato	sensé
cuerdo	sage
objetivo	souple
flexible	objectif
subjetivo	subjectif
categórico	catégorique
malediciente	médisant
partidario	partisan
parcial	partial
imparcial	impartial
patriotero	patriote
chauvinista	chauvin
loco	fou
oscuro	obscur
clarividente	clairvoyant
listo	intelligent
genial	génial
ingenioso	ingénieux
escéptico	sceptique
crédulo	crédule
ingenuo	naïf
fidedigno	digne de foi
fehaciente	digne de foi
intransigente	intransigeant
paradójico	paradoxal
convincente	convainquant

Vocabulaire spécialisé

a mi parecer	à mon avis
en mi opinión	à mon avis
según yo	selon moi
claro	bien sûr
por supuesto	bien sûr
Es claro.	C'est évident.
está claro	il est clair
cabe decir	il convient de dire
en cuanto a	quant à
respecto a	au sujet de
en absoluto	pas du tout
ni hablar	pas question
¡eso sí que no!	ah ça non !
¡al grano!	au fait !
el pro y el contra	le pour et le contre
Lo dicho, dicho.	Ce qui est dit est dit.
No es asunto mío.	Ce ne sont pas mes affaires.
No sé nada al respecto.	Je ne sais rien à ce sujet.
¡ vaya ocurrencia !	quelle idée !
de buenas a primeras	de but en blanc
a sabiendas	en connaissance de cause
hablar sin rodeos	parler sans détours
decir sus verdades	dire ses vérités
una perogrullada	une vérité de La Palisse
une verdad de Perogrullo	une vérité de La Palisse
de pasada	en passant
Viene de perlas.	Cela tombe à pic.
Es un decir.	C'est une façon de parler.
obvia decir	il va sans dire
ni que decir tiene	inutile de préciser
huelga decir	il va sans dire
hablar en serio	parler sérieusement
hablar en broma	plaisanter
estar al tanto	être au courant
estar al corriente	être au courant

Expressions et phrases

Está convencido de que es la verdad.	Il est convaincu que c'est la vérité.
No me lo puedo creer.	Je ne peux pas y croire.
¿ Cómo se te ocurre tal cosa ?	Comment peux-tu avoir une telle idée ?
¿ En qué piensas ?	À quoi penses-tu ?
Deberías hacerlo ; ¡ Piénsalo !	Tu devrais le faire ; songes-y !
No dije tal.	Je n'ai pas dit ça.
El debate está servido.	Le débat est ouvert.
Se me han ocurrido varias posibilidades.	J'ai pensé à plusieurs possibilités.
Es probable que no le convenza.	Il est probable qu'il ne le convaincra pas.
Su punto de vista dista mucho del mío.	Son point de vue est très éloigné du mien.
Estás equivocado.	Tu as tort.
Te equivocas de medio en medio.	Tu te trompes du tout au tout.
Me lo figuraba.	Je m'en doutais.
Me está mal el decirlo.	Ce n'est pas à moi de le dire.

3. LA SALUD. LA MEDICINA
LA SANTÉ. LA MÉDECINE

la salud	la santé
la enfermedad	la maladie
el organismo	l'organisme

EL ENFERMO — LE MALADE

un mal	un mal
saludable	salutaire
salubre	salubre
insalubre	insalubre
perjudicial	préjudiciable
benigno	bénin
maligno	malin
mortal	mortel
contagioso	contagieux
el malestar	le malaise
el dolor	la douleur
una epidemia	une épidémie
enfermizo	maladif
deficiente	déficient
doliente	dolent
inmune	immunisé
indemne	indemne
inerte	inerte
sano y salvo	sain et sauf
incurable	incurable
doloroso	douloureux
dolorido	endolori

LAS ENFERMEDADES — LES MALADIES

la gripe	la grippe
una angina	une angine
un catarro	un rhume
un enfriamiento	un refroidissement
la tos	la toux
la tos ferina	la coqueluche
la migraña	la migraine
la jaqueca	la migraine
la ictericia	la jaunisse
el sarampión	la rougeole

la bronquitis	la bronchite
la otitis	l'otite
el reuma	les rhumatismes
un atracón	une indigestion
el estreñimiento	la constipation
la lumbalgia	le lumbago
una alergia	une allergie
la fiebre del heno	le rhume des foins
una quemadura	une brûlure
una fractura	une fracture
una pierna rota	une jambe cassée
un torticólis	un torticolis
las paperas	les oreillons
el tétanos	le tétanos
el cáncer	le cancer
el sida	le SIDA
el infarto	l'infarctus
la tuberculosis	la tuberculose
la hepatitis	l'hépatite
la anemia	l'anémie
la hipertensión	l'hypertension
una úlcera	un ulcère
el asma	l'asthme
la diabetes	le diabète
la peste	la peste
el cólera	le choléra
la lepra	la lèpre
la histeria	l'hystérie
la epilepsia	l'épilepsie
la amnesia	l'amnésie
la depresión	la dépression
la depre	la déprime
el estrés	le stress
la histeria	l'hystérie
la epilepsia	l'épilepsie
la demencia	la démence

LAS MANIFESTACIONES — LES MANIFESTATIONS

un síntoma	un symptôme
la calentura	la fièvre
un escalofrío	un frisson
una lesión	une lésion
una herida	une blessure
un cardenal	un bleu
un abceso	un abcès
un hematoma	un hématome
un tumor	une tumeur
una cicatriz	une cicatrice
el desmayo	l'évanouissement
el vértigo	le vertige
la hemorragia	l'hémorragie
un trauma	un traumatisme
un deterioro	une détérioration
el mareo	le mal de mer, le mal au cœur
los trastornos de la visión	les troubles de la vue
un ataque de nervios	une crise de nerfs
un ataque cardíaco	une crise cardiaque
el delirio	le délire
el coma	le coma
la agonía	l'agonie
marearse	avoir le mal de mer
hinchar	enfler
un caso	un cas
una enfermedad crónica	une maladie chronique
grave	grave
incurable	incurable
seropositivo	séropositif
canceroso	cancéreux
tuberculoso	tuberculeux
diabético	diabétique
hipertenso	hypertendu
cardíaco	cardiaque
recobrarse	se remettre
rehacerse	reprendre des forces
agravarse	s'aggraver
sanar	guérir
recuperar la salud	guérir
toser	tousser
ahogarse	étouffer
desangrarse	perdre son sang
estar cansado	être fatigué
estar agotado	être épuisé
desmayar	s'évanouir
desfallecer	défaillir
recobrar el sentido	reprendre connaissance
gemir	gémir
quejarse	se plaindre
lamentarse	se lamenter
sufrir	souffrir
padecer	souffrir
doler	faire mal
diezmar	décimer
herir	blesser
la mortalidad	la mortalité
la longevidad	la longévité
longevo	âgé
edado	âgé
tiritar de fiebre	grelotter de fièvre
lisiado	infirme
delirar	délirer
agonizar	agoniser

perecer	périr	**punzante**	lancinant
morir	mourir	**invalidante**	invalidant
fenecer	mourir	**parapléjico**	paraplégique
extinguirse	s'éteindre	**amnésico**	amnésique
lancinante	lancinant	**las secuelas**	les séquelles

Expressions et phrases

estar con los dolores	être dans les douleurs (de l'accouchement)
estar recluido en una clínica	être en clinique
Es un enfermo de cáncer.	C'est un malade du cancer.
Está herido de gravedad.	Il est gravement blessé.
Está peor.	Il va plus mal.
volver en sí	revenir à soi
Ahí le duele.	C'est là le hic.
Eso le mina la salud.	Cela mine la santé.
estar en las últimas	être à l'article de la mort
estar al cabo de la cuerda	être au bout du rouleau
Vive medicado.	Il est sous traitement.
¿Temes contagiarte?	Tu as peur de la contagion ?
Le dio un ataque.	Il a eu une attaque.
Está postrado en la cama.	Il est cloué au lit.
Tiene propensión a los resfriados.	Il est sujet aux rhumes.
Sufrió una recaída.	Il a fait une rechute.
La cabeza me da vueltas.	La tête me tourne.
El mal va remitiendo.	Il y a rémission.
Ha dejado de respirar.	Il a cessé de respirer.
Es la gran plaga de los países del Sur.	C'est le grand fléau des pays du Sud.
Es una población de riesgo.	C'est une population à risque.
una zona azotada por las epidemias	une zone frappée par les épidémies

EL MÉDICO — LE MÉDECIN

un paciente	un patient	**el oftalmólogo**	l'ophtalmologiste
el médico general	le généraliste	**la psiquiatría**	la psychiatrie
el médico de cabecera	le médecin de famille	**la ginecología**	la gynécologie
		la cardiología	la cardiologie
un especialista	un spécialiste	**la oncología**	la cancérologie
la medicina laboral	la médecine du travail	**el cirujano**	le chirurgien
		el curandero	le guérisseur
el asistente	l'assistant	**el masajista**	le masseur
el practicante	l'infirmier	**la comadrona**	la sage femme
la enfermera	l'infirmière	**la partera**	la sage femme
el psiquiatra	le psychiatre	**el boticario**	le pharmacien
el pediatra	le pédiatre	**la botica**	la pharmacie
el ginecólogo	le gynécologue	**la farmacia**	la pharmacie
el oncólogo	le cancérologue	**la ambulancia**	l'ambulance
el cardiólogo	le cardiologue	**el hospital**	l'hôpital
el obstetra	l'obstétricien	**la clínica**	la clinique
el dermatólogo	le dermatologue	**la emergencia**	l'urgence
el dentista	le dentiste	**un laboratorio**	un laboratoire
el neurólogo	le neurologue	**el manicomio**	l'asile d'aliénés

clínico	clinique	**un foco de infección**	un foyer d'infection
hospitalario	hospitalier	**el virus**	le virus
sanitario	sanitaire	**la operación**	l'opération
el ingreso hospitalario	l'hospitalisation	**el bisturí**	le bistouri
la Cruz Roja	la Croix Rouge	**el trasplante de órganos**	la greffe d'organes
la consulta	la consultation	**la donación de órganos**	la greffe d'organes
la consulta previa petición de hora	la consultation sur rendez-vous	**donar**	donner (un organe, son sang)
examinar	examiner	**un donante**	un donneur
el examen clínico (exámenes)	l'examen clinique	**vendar**	bander
el pulso	le pouls	**una venda**	une bande
palpar	palper	**una pastilla**	une pastille
detectar	détecter	**una píldora**	une pilule
el diagnóstico precoz	le diagnostic précoce	**una cápsula**	une capsule
el maletín	la trousse du médecin	**una dosis**	une dose
la prevención	la prévention	**el jarabe**	le sirop
la radiografía	la radio	**una pomada**	une pommade
los rayos X	les rayons X	**un bálsamo**	un baume
una toma de sangre	une prise de sang	**un masaje**	un massage
una muestra	un échantillon	**una inyección**	une piqûre
el tratamiento	le traitement	**el suero**	le sérum
medicarse	être sous traitement	**la vacuna**	la vaccination
una medicina	un médicament	**vacunar**	vacciner
un remedio	un remède	**operar**	opérer
un medicamento	un médicament	**amputar**	amputer
un fármaco	un médicament	**las muletas**	les béquilles
un remedio casero	un remède de bonne femme	**actuar**	agir
un sedante	un sédatif	**eficaz**	efficace
un somnífero	un somnifère	**curativo**	curatif
un analgésico	un analgésique	**mejorar**	l'amélioration
un antibiótico	un antibiotique	**transfundir**	transfuser
un efecto secundario	un effet secondaire	**la transfusión de sangre**	la transfusion de sang
dar de baja	mettre en arrêt de travail	**la morfina**	la morphine
el microbio	le microbe	**aliviar**	soulager
la infección	l'infection	**un alivio**	un soulagement
		suavizar	adoucir
		la quimioterapia	la chimiothérapie
		la radioterapia	la radiothérapie

Expressions et phrases

llevar al niño al pediatra	emmener son enfant chez le pédiatre
poner una inyección	faire un piqûre
prolongar la vida	prolonger la vie
No es efectivo al cien por cien.	Ce n'est pas efficace à cent pour cent.
Es curable en un 50%.	C'est curable à 50 %.
lanzar una campaña de vacunación	lancer une campagne de vaccination

cortar por lo sano	crever l'abcès
el índice de curación	le taux de réussite
el miedo a un dignóstico equivocado	la peur d'une erreur de diagnostic
una dosis de recuerdo	une piqûre de rappel
Se tolera bien.	Ce médicament est bien toléré.
Se administra por vía oral.	À administrer par voie orale.
Este fármaco permite una rápida curación sin efectos secundarios.	Ce médicament permet une guérison rapide sans effet secondaire.
¡A la playa a hacer salud!	Allons à la mer pour nous requinquer !
Le operaron a corazón abierto.	On l'a opéré à cœur ouvert.
Suele acudir a la aspirina.	Elle a souvent recours à l'aspirine.
No se ha conseguido erradicar la lepra.	On n'a pas réussi à enrayer la lèpre.
El tabaco perjudica seriamente la salud.	Le tabac nuit gravement à la santé.
Bebe con moderación. Es tu responsabilidad.	Consommez de l'alcool avec modération. Chacun est responsable.

4. LA FAMILIA — LA FAMILLE

LOS MIEMBROS DE LA FAMILIA — LES MEMBRES DE LA FAMILLE

el cabeza de familia	le chef de famille
el sustento de familia	le soutien de famille
familiar	familial
ancestral	ancestral
los padres	les parents (père et mère)
los parientes	les parents
los deudos	les parents
el padre	le père
paterno	paternel
paternal	paternel
la madre	la mère
materno	maternel
maternal	maternel
un niño	un enfant
el hijo	l'enfant (de quelqu'un)
una criatura	un bébé
un hijo varón	un garçon
una hembra	une fille
el primogénito	l'aîné
el hermano	le frère
la hermana	la sœur
fraterno	fraternel
el hermano mayor	le frère aîné
el hermano menor	le petit frère
un hermanastro	un demi frère
los gemelos	les jumeaux
el abuelo	le grand-père
la abuela	la grand-mère
el nieto	le petit-fils
la nieta	la petite fille
el tío	l'oncle
la tía	la tante
los sobrinos	les neveux
un primo	un cousin
la tía abuela	la grand-tante
un primo hermano	un cousin germain
la madrina	la marraine
el padrino	le parrain
el cuñado	le beau-frère
la cuñada	la belle-sœur
un concuñado	un beau-frère par alliance
el suegro	le beau-père
la suegra	la belle-mère
el yerno	le gendre
la nuera	la bru
el hijo político	le beau-fils
la madrastra	la marâtre
el padrastro	le beau-père (mari de la mère)
el ahijado	le filleul
un huérfano	un orphelin
un expósito	un enfant abandonné

un niño adoptivo	un fils adoptif
el hijastro	le beau fils
la tata	la nounou
la nodriza	la nourrice
la niñez	l'enfance
la infancia	l'enfance
la adolescencia	l'adolescence
la pubertad	la puberté
la juventud	la jeunesse
la mocedad	la jeunesse
una semejanza	une ressemblance
un aire de familia	un air de famille
parecido	ressemblant
igual	égal
semejante	semblable
el apellido	le nom de famille
el nombre de pila	le prénom
el apodo	le surnom

Vocabulaire spécialisé

un chiquito	un petit garçon
un jovenzuelo	un petit jeune homme
ese abuelete	ce petit vieux
¡ abuelito !	mon petit grand-père !
la nena	la petite
¡ mamá !	maman !
¡ papá !	papa !
¡ abuela !	grand-mère !
¡ hijo mío !	mon enfant !
el Señor Rodríguez	Monsieur Rodriguez
la Señora de Rodríguez	Madame Rodriguez
una tal Paca	une certaine Françoise
Fulano	Un tel
Mengano	Un tel
Zutano	Un tel
un solterón	un vieux garçon
un mandón	un homme autoritaire

LA VIDA FAMILIAR — LA VIE FAMILIALE

el hogar	le foyer
hogareño	familial
casero	familial, casanier
el parentesco	la parenté
un vínculo	un lien
un lazo	un lien
un familiar	un proche
la parentela	les parents éloignés
parientes y afectos	parents et proches
cercano	proche
próximo	proche
los antepasados	les ancêtres
el origen (los orígenes)	l'origine
oriundo	originaire (de)
una rama	une branche
la cuna	le berceau
una generación	une génération
los descendientes	les descendants
criar	élever
educar	éduquer
la educación	l'éducation
severo	sévère
estricto	strict
represivo	répressif
indulgente	indulgent
permisivo	permissif
los modales	les manières
mimar	gâter
proteger	protéger
amparar	protéger
vigilar	surveiller
mandar a la escuela	envoyer à l'école
mantener	entretenir
adoptar	adopter
reñir	gronder
regañar	réprimander
castigar	punir
aconsejar	conseiller
amonestar	admonester
reprender	réprimander
una recomendación	une recommandation
una advertencia	un avertissement
un reproche	un reproche
un consejo	un conseil
una admonición	une mise en garde
una riña	une dispute
un conflicto generacional	un conflit de générations
hermanar	unir

respetar	respecter	**mimado**	gâté
obedecer las órdenes	obéir aux ordres	**mal criado**	mal élevé
		sin vergüenza	effronté
desobedecer	désobéir	**respondón**	raisonneur
desoír	faire la sourde oreille	**infantil**	infantile
portarse bien	bien se comporter	**pueril**	puéril
portarse mal	mal se conduire	**maduro**	mûr
obediente	obéissant	**inmaduro**	immature
desobediente	désobéissant	**juvenil**	juvénile
formal	correct		

Expressions et phrases

Saca adelante a sus hijos.	Il élève dignement ses enfants.
Perdió a su marido.	Elle a perdu son mari.
La criatura anda a gatas.	Le bébé marche à quatre pattes.
Tiene a quien salir.	Il a de qui tenir.
En casa somos cinco.	Nous sommes cinq à la maison.
No es ningún niño.	Ce n'est plus un enfant.
Este niño es un cielo.	Cet enfant est un ange.
No hay quien pueda con este niño.	Personne ne peut venir à bout de cet enfant.
No hace más que barbaridades.	Il ne fait que des bêtises.
A tan tierna edad, no puede arreglárselas solo.	À cet âge-là, il ne peut pas se débrouiller tout seul.
Cuando niña vivía en Valladolid.	Étant enfant je vivais à Valladolid.
Le dio una buena paliza.	Elle lui a donné une bonne raclée.
Los ha sacado de apuros.	Il les a tiré d'embarras.
Cada mochuelo a su olivo.	Chacun chez soi.
Lo hago por ti, por tu bien.	Je le fais pour toi, pour ton bien.
Vela por la buena marcha de la casa.	Elle veille à la bonne marche de la maison.
Se inquieta por la salud del menor.	Elle s'inquiète pour la santé du plus jeune.
Cuando sea mayor, me iré a Argentina.	Quand je serai grand, j'irai en Argentine.
Es muy mayor para ser tu amigo.	Il est un peu vieux pour être ton ami.
De niña le gustaba mucho la música.	Quand elle était petite, elle aimait beaucoup la musique.

LA PAREJA — LE COUPLE

el amor	l'amour	**un cumplido**	un compliment
enamorarse	tomber amoureux	**un piropo**	un compliment
amoroso	amoureux	**un romance**	un flirt
enamorado	amoureux	**el novio**	le fiancé
un idilio	une idylle	**la novia**	la fiancée
los amoríos	les amours	**el noviazgo**	les fiançailles
un rayazo	un coup de foudre	**soltero**	célibataire
gustar	plaire	**un soltero empedernido**	un célibataire endurci
seducir	séduire		
cortejar	courtiser	**una solterona**	une vieille fille
querer	aimer	**el anillo de pedida**	la bague de fiançailles
amar	aimer passionnément		
los desposorios	les fiançailles	**la petición de mano**	la demande en mariage
el celibato	le célibat		

casarse	se marier	**parir**	accoucher
desposarse	se marier	**el parto**	l'accouchement
la boda	la noce	**dar a luz**	donner le jour
el matrimonio	le mariage	**alumbrar**	enfanter
un matrimonio	un couple	**la IVE (interrupción voluntaria de embarazo)**	l'I.V.G.
el casamiento	le mariage	**una mal casada**	une femme mal mariée
matrimonial	matrimonial	**engañar**	tromper
el acta	l'acte de mariage	**ofender**	offenser
el parte de boda	le faire-part	**un viudo**	un veuf
los recién casados	les jeunes mariés	**una viuda**	une veuve
el marido	le mari	**el huérfano**	l'orphelin
el esposo	l'époux	**la huérfana**	l'orpheline
el cónyuge	le conjoint	**el orfanato**	l'orphelinat
la mujer	la femme	**fiel**	fidèle
la esposa	l'épouse	**la fidelidad**	la fidélité
conyugal	conjugal	**la intimidad**	l'intimité
la vida común	la vie commune	**el adulterio**	l'adultère
la relación conyugal	les rapports conjugaux	**adúltero**	adultère
la unión libre	l'union libre	**la querida**	la maîtresse
llevarse bien	bien s'entendre	**el amante**	l'amant
separarse	se séparer	**el abandono de hogar**	l'abandon du foyer
divorciarse	divorcer		
el embarazo	la grossesse		
estar preñada	être enceinte		
estar embarazada	être enceinte		

Expressions et phrases

Hacen buenas migas.	Ils s'entendent très bien.
¿Crees que le caigo bien?	Tu crois que je lui plais ?
Está loco por ella.	Il est fou d'elle.
Fue la despedida de soltero.	Il a enterré sa vie de garçon.
Están casados por lo civil y no por la iglesia.	Ils se sont mariés civilement et non à l'église.
Se quedó para vestir santos.	Elle est restée vieille fille.
fundar una familia	fonder une famille
bordar el ajuar	broder son trousseau
Van tirando.	Ils tirent le diable par la queue.
Viven con toda comodidad.	Ils vivent très à l'aise.
Fueron felices y comieron perdices.	Ils furent heureux et eurent beaucoup d'enfants.
No han pasado por el juzgado ni por la vicaría.	Ils ne sont passés ni devant le maire ni devant Monsieur le curé.
Mejor sola que mal acompañada.	Il vaut mieux être seule qu'en mauvaise compagnie.
Vale más no menearlo.	Mieux vaut ne pas remettre ça sur le tapis.
¡Qué lío!	Quelle histoire !
Siempre le lleva la contraria.	Il la contredit toujours.

LAS RELACIONES FAMILIARES — LES RAPPORTS FAMILIAUX

el entorno	l'entourage
el nacimiento	la naissance
nacer	naître
la maternidad	la maternité
la paternidad	la paternité
el cumpleaños	l'anniversaire
el recién nacido	le nouveau né
el bautizo	le baptême (la cérémonie)
el bautismo	le baptême
bautizar	baptiser
el bebé	le bébé
el nene	le bébé
la criatura	le bébé
un crío	un jeune enfant
un niño	un enfant
un muchacho	un jeune garçon
un chaval	un garçon
un rapaz	un garçon
un chico	un jeune homme
un mozo	un jeune homme
un joven (jóvenes)	un jeune homme
una joven	une jeune fille
un adolescente	un adolescent
un menor de edad	un mineur
un mayor	une grande personne
un adulto	un adulte
la madurez	la maturité
los ancianos	les vieillards
viejo	vieux
envejecer	vieillir
chochear	radoter
chocho	gâteux
legar	léguer
heredar	hériter
el heredero	l'héritier
la herencia	l'héritage
la heredad	la propriété
la testamentaría	la succession
la muerte	la mort
el ataúd	le cercueil
el féretro	le cercueil
la esquela de defunción	le faire-part de décès
el luto	le deuil
el duelo	le deuil (la peine)

Expressions et phrases

estar de luto	être en deuil
Es un par de años más joven que él.	Elle a deux ans de moins que lui.
Le lleva cinco años a su hermano menor.	Il a cinq ans de plus que son jeune frère.
Las fechas del natalicio y de la muerte.	La date de naissance et de décès.
Acaba de cumplir veinte años.	Elle vient d'avoir vingt ans.
Se pasa de la raya.	Il passe les bornes.
Le echa la culpa a su hermano.	Il accuse son frère.
¡Pídele a la abuela que te ayude!	Demande à grand-mère de t'aider !
Le falta al respeto a su padre.	Il manque de respect à son père.
Es dueña y señora de su casa.	Elle est maîtresse chez elle.
Se desvive por hacerlos felices.	Elle se met en quatre pour les rendre heureux.
Siempre le da la razón.	Elle lui donne toujours raison.
A tu padre le corresponde ganar los cuartos.	Ton père doit gagner les sous.
A mí me tocan los quehaceres domésticos.	C'est à moi de faire les tâches ménagères.
La casa se quedó pequeña para todos.	La maison est devenue trop petite pour eux tous.
Cría cuervos y te sacarán los ojos.	On n'est jamais trahi que par les siens.
dar el pésame	présenter ses condoléances
Le acompaño en el sentimiento.	Je suis de tout cœur avec vous.

Vocabulaire spécialisé

emprenderla a golpes con uno	s'en prendre violemment à quelqu'un
armarla	faire un scandale
jugársela	jouer un mauvais tour
buscársela	le chercher
¡La de veces que te lo he dicho!	Combien de fois je te l'ai dit !

II. ACTIVIDADES HUMANAS

5. ALIMENTOS Y COMIDAS
ALIMENTATION ET REPAS

Vocabulaire général

el desayuno	le petit déjeuner
desayunar	déjeuner
el ayuno	le jeûne
ayunar	jeûner
estar en ayunas	être à jeun
el almuerzo	le déjeuner
almorzar	déjeuner
la comida	le repas
comer	manger
merendar	goûter
la merienda	le goûter
tener apetito	avoir faim
pasar hambre	souffrir de la faim
tragar	avaler
sorber	absorber
apurar el vaso	vider son verre
hartarse	se rassasier
embriagarse	s'enivrer
saborear	savourer
repetir	se resservir
brindar	trinquer
catar	goûter
degustar	déguster
un sorbo	une gorgée
un bocado	une bouchée
una loncha	une tranche
una rodaja	une rondelle
una rebanada	une tranche (de pain)
el zumo de naranja	le jus d'orange
el café con leche	le café au lait
el café solo	le café noir
el té	le thé
un cortado	un café crème
una tostada	une tartine de pain grillé
un bollo	une brioche
las galletas	les biscuits
la mantequilla	le beurre
los churros	les beignets
el azúcar	le sucre
la mermelada	la confiture
el pan de molde	le pain de mie

LOS PLATOS	LES PLATS
un bocadillo	un sandwich
pan y fiambre	du pain et de la charcuterie
una barra de pan	une baguette
un cacho de pan	un morceau de pain
un panecillo	un petit pain
el chorizo	le saucisson
el jamón serrano	le jambon sec
el jamón de York	le jambon blanc
la morcilla	le boudin
el melón	le melon
las tapas	les amuse-gueule
un entrante	une entrée
un entremés	un hors-d'œuvre
las aceitunas rellenas	les olives fourrées
el aguacate	l'avocat
las almendras tostadas	les amandes grillées
la ensalada	la salade
el pepino	le concombre
las verduras	les légumes verts
las acelgas	les blettes
las espinacas	les épinards
los espárragos	les asperges
las zanahorias	les carottes
el repollo	le chou
las judías verdes	les haricots verts

la alcachofa	l'artichaut
la berenjena	l'aubergine
el calabacín	la courgette
los pimientos morrones	les poivrons
los tomates	les tomates
la lombarda	le chou rouge
el gazpacho	la soupe froide
el caldo	le bouillon
la carne	la viande
un filete de vaca	un bifteck
un entrecot	une entrecôte
un estofado de carne	un ragoût
el solomillo	le filet de bœuf
un puchero	un pot-au-feu
un chuletón	une côte de bœuf
un pincho moruno	une brochette
un asado	un rôti
la carne a la brasa	la viande grillée
un filete de ternera	une escalope de veau
el hígado	le foie
una pierna de cordero	un gigot d'agneau
una paletilla	une épaule
unas chuletas	des côtelettes
una cortada de cerdo	une côte de porc
el tocino	le lard
el lomo	le filet
el pollo asado	le poulet rôti
un muslo de pollo	une cuisse de poulet
el pato	le canard
el conejo	le lapin
los huevos pasados por agua	les œufs à la coque
los huevos estrellados	les œufs sur le plat
los huevos revueltos	les œufs brouillés
la tortilla	l'omelette
la clara	le blanc d'œuf
la yema	le jaune d'œuf
el pescado	le poisson
el lenguado	la sole
las sardinas	les sardines
la merluza	le colin
el bacalao	la morue
los boquerones al ajillo	les anchois à l'ail
los mariscos	les crustacés
las gambas	les crevettes
los mejillones	les moules
las almejas	les palourdes
los calamares a la romana	les calamars à la romaine
la paella	la paella
la parrillada	le plat de poisson grillé
los caracoles	les escargots
las legumbres	les légumes secs
las judías blancas	les haricots blancs
los garbanzos	les pois chiches
las lentejas	les lentilles
las patatas fritas	les pommes de terre frites
el puré de patatas	la purée
el arroz	le riz
las pastas	les pâtes
las setas	les champignons sauvages
los champiñones	les champignons de Paris
el queso	le fromage
el cabral	le fromage de chèvre
el yogur	le yaourt
un batido	des œufs battus
un helado de vainilla	une glace à la vanille
un barquillo	une gaufrette
un mantecado	une glace à la crème
un sorbete	un sorbet
la repostería	la pâtisserie
la rosca de Reyes	le gâteau des Rois
las pastas de té	les petits fours
la tarta	la tarte
el flan	le flan
la leche frita	la crème brûlée
el turrón	le nougat
el melocotón en almíbar	la pêche au sirop
la sandía	la pastèque
un granizado de café	un café glacé
las uvas pasas	les raisins secs
un refresco	une boisson fraîche
la gaseosa	la limonade
la sangría	la sangria
la sidra	le cidre
el vino tinto	le vin rouge
el vino blanco	le vin blanc
el vino clarete	le vin rosé
el vino rancio	le vin cuit
un vino añejo	un vin vieux
el cava	le vin mousseux
el fino	le vin blanc sec
el orujo	le marc
un chato de vino	un verre de vin

una copita	un petit verre	**un plato**	un plat
la cerveza	la bière	**un guiso**	un plat cuisiné
una jarra de cerveza	une chope de bière	**las viandas**	les mets
		un manjar	un mets

LOS CONDIMENTOS LES CONDIMENTS

el aliño	l'assaisonnement	**asar**	rôtir
la sal de cocinar	le sel de cuisine	**tostar**	griller
la pimienta	le poivre	**escanciar**	servir le vin
las especias	les épices	**enfriarse**	refroidir
el aceite	l'huile	**la minuta**	le menu
el aceite de oliva	l'huile d'olive	**un menú calórico**	un menu riche en calories
el vinagre	le vinaigre		
la mostaza	la moutarde	**ligero**	léger
las alcaparras	les câpres	**apetitoso**	appétissant
el ajo	l'ail	**crudo**	cru
el perejil	le persil	**refrescante**	rafraîchissant
la cebolla	l'oignon	**grasiento**	gras
la cebolleta	la ciboulette	**crujiente**	croustillant
el azafrán	le safran	**rancio**	rance
el pimentón	le piment rouge	**la cocción**	la cuisson
aliñar	assaisonner	**el poder saciante**	la valeur nourrissante
sazonar	assaisonner	**la dieta**	le régime
salar	saler	**el apetito**	l'appétit
endulzar	sucrer	**el hambre**	la faim
guisar	cuisiner	**la sed**	la soif
cocinar	cuisiner	**desganado**	qui a perdu l'appétit
calentar	réchauffer	**hambriento**	affamé
hervir	bouillir	**sediento**	assoiffé
hervir	faire bouillir	**harto**	rassasié
freír	frire	**ahíto**	repu
freír	faire frire		

Expressions et phrases

¡A comer, niños!	À table, les enfants !
Tiene una pinta estupenda.	Cela a très bonne allure.
¡Buen provecho!	Bon appétit !
¡Que aproveche!	Bon appétit !
No probó un bocado.	Il n'a pas mangé une bouchée.
Le ha cortado el apetito.	Ça lui a coupé l'appétit.
Sigue una dieta de bajas calorías.	Elle fait un régime basses calories.
Lleva demasiado azúcar.	Il y a trop de sucre là dedans.
Tengo un hambre que no veo.	J'ai une faim de loup.
largo como un día sin pan	long à n'en plus finir
¡Con su pan se lo coma!	Grand bien lui fasse !
Este pastel está para chuparse los dedos.	Ce gâteau est succulent.
A falta de pan buenas son tortas.	Faute de grive, on mange des merles.
Te convido un cafecito.	Je t'offre un petit café.
La paella me ha salido riquísima.	J'ai réussi ma paella à merveille.

Este guiso de caza me sienta mal.	Ce plat de gibier ne me réussit pas.
El atún me gusta más al natural.	J'aime mieux le thon au naturel.
aborrecer como mal pan	haïr comme la peste
negar el pan y la sal	refuser l'essentiel
Es plato de segunda mano.	C'est du réchauffé.
pagar los platos	payer les pots cassés
dormir la mona	cuver son vin
Fue la gota que colmó el vaso.	C'est la goutte qui a fait déborder le vase.
Es el chocolate del loro.	Ce sont des économies de bout de chandelle.
a la pata la llana	à la bonne franquette

LA MESA		LA TABLE	
la vajilla	la vaisselle	**la copa**	le verre à vin
el mantel	la nappe	**la garrafa**	la carafe
un plato	une assiette	**la jarra**	le pichet
un plato sopero	une assiette à soupe	**la botella**	la bouteille
un platillo	une soucoupe	**la servilleta**	la serviette de table
una fuente	un plat	**una taza**	une tasse
la sopera	la soupière	**un tazón**	un bol
la salsera	la saucière	**la cafetera**	la cafetière
los cubiertos	les couverts	**la tetera**	la théière
el tenedor	la fourchette	**el corcho**	le bouchon
la cuchara	la cuillère	**el sacacorchos**	le tire-bouchon
la cucharita	la petite cuillère	**la bandeja**	le plateau
el cucharón	la louche	**un juego de café**	un service à café
el cuchillo	le couteau	**un abrelatas**	un ouvre boîte
un vaso	un verre		

Expressions et phrases

beber a sorbitos	boire à petites gorgées
pelar una naranja	éplucher une orange
abrir nueces	casser des noix
poner la mesa	mettre la table
quitar la mesa	débarrasser la table
guardar los platos	ranger les assiettes
enjuagar los vasos	rincer les verres

6. EL TRAJE — L'HABILLEMENT

LAS PRENDAS DE VESTIR — LES VÊTEMENTS

LA SEÑORA — MADAME

el ajuar	le trousseau
el ropero	la garde-robe
un vestido	une robe
una falda	une jupe
una mini falda	une minijupe
la blusa	le chemisier
un corpiño	un corsage
el jersey	le tricot
la chaqueta	la veste
la rebeca	le cardigan
el abrigo	le manteau
el chal	le châle
la ropa interior	la lingerie
los calzoncillos	le slip
las bragas	la culotte
el sujetador	le soutien-gorge
el sostén	le soutien-gorge
las medias	les bas
el leotardo	le collant
las enaguas	le jupon
el pañuelo	le foulard
el pañuelo de mano	le mouchoir
la bata	la robe de chambre
el delantal	le tablier
el albornoz	le peignoir
un par	une paire
los zapatos de tacones altos	les chaussures à talons hauts
las sandalias	les sandales
las playeras	les chaussures de plage
el cinturón	la ceinture
una muda de ropa	du linge de rechange

EL CABALLERO — L'HOMME

el pantalón	le pantalon
el vaquero	le jean
un traje	un costume
una americana cruzada	une veste croisée
la camisa	la chemise
la camiseta	la chemisette
la corbata	la cravate
los calcetines	les chaussettes
el niqui	le T-shirt
el pantalón corto	le short
el chándal	le survêtement
los calzados	les chaussures
las botas	les bottes
las botas de agua	les bottes en caoutchouc
las alpargatas	les espadrilles
las zapatillas	les pantoufles
las zapatillas	les chaussures de sport
los zuecos	les sabots
la suela	la semelle
la cazadora	le blouson
el gabán	le pardessus
el impermeable	l'imperméable
el chubasquero	le ciré
la capa	la cape
el sombrero	le chapeau
el sombrero de fieltro	le chapeau de paille
el sombrero de paja	le feutre
la gorra	la casquette
la boina	le béret
la bufanda	l'écharpe
los tirantes	les bretelles
el chaleco	le gilet
el pijama	le pyjama

VESTIR — S'HABILLER

llevar	porter
lucir	arborer
probarse	essayer
el probador	la cabine d'essayage
el tamaño	la taille
la talla	la taille

desvestirse	se déshabiller
arremangarse	retrousser ses manches
retocar	retoucher
arroparse	se couvrir
abrigarse	se couvrir
tocarse	mettre un couvre-chef
abrochar	boutonner
desabrochar	déboutonner
quitarse	enlever
mudarse	se changer
la manera de vestir	la façon de s'habiller
el aseo	la toilette
el atuendo	l'accoutrement
estar de moda	être à la mode
pasado de moda	démodé
elegante	élégant
pulcro	recherché
refinado	raffiné
coquetón	coquet
ceñido	cintré
escotado	décolleté
holgado	ample
amplio	vaste
gastado	usé
raído	râpé
deshilachado	effiloché
un harapo	un haillon
un andrajo	un haillon
harapiento	en haillons
andrajoso	en haillons
una gualdrapa	une loque
un guiñapo	une loque

LOS ACCESORIOS — LES ACCESSOIRES

el cuello	le col
el escote	le décolleté
el forro	la doublure
el pliegue	le pli
el bolsillo	la poche
un ribete	un liseré
los faldones del abrigo	les basques
la solapa	le revers
la manga	la manche
la bocamanga	l'ouverture de la manche
el dobladillo	l'ourlet
una cinta	un ruban
el ojal	la boutonnière
el cierre	la fermeture
la cremallera	la fermeture éclair
un botón	un bouton
un imperdible	une épingle de nourrice
una franja	une bande
un fleco	une frange
la faltriquera	la poche intérieure
la pajarita	le nœud papillon
una corbata de punto	une cravate en jersey
los gemelos	les boutons de manchettes
la leontina	la montre de gousset
el reloj de pulsera	la montre
el bastón	la canne
una horquilla	une boucle
el paraguas	le parapluie
una joya	un bijou
un collar	un collier
los pendientes	les boucles d'oreilles
una sortija	une bague
un brazalete	un bracelet
el abanico	l'éventail
la polvera	le poudrier
la sombrilla	l'ombrelle

LOS TEJIDOS — LES TISSUS

la pana	le velours côtelé
la seda	la soie
la seda cruda	la soie sauvage
la lana	la laine
el paño	le drap
el punto	le jersey
el cuero	le cuir
el encaje	la dentelle
el terciopelo	le velours
la piel	la fourrure
el ante	le daim
la ropa vaquera	les vêtements en jean

LA HECHURA — LA FAÇON

a cuadros	à carreaux
a rayas	rayé
listado	rayé
estampado	imprimé
de punto	au tricot
de ganchillo	au crochet

de mangas cortas	à manches courtes	**pasado de moda**	démodé
bordado	brodé	**remendado**	raccommodé
de calle	de ville	**forrado**	doublé
de etiqueta	de soirée	**a la medida**	sur mesure

Expressions et phrases

estar endomingado	être endimanché
Le sienta muy bien este color.	Cette couleur lui va très bien.
¡Qué hermosa está con este vestido!	Comme vous êtes belle avec cette robe !
Me viene pequeño.	C'est un peu petit pour moi.
Anda descalzo.	Il va pieds nus.
Se alisa la falda.	Elle lisse sa jupe.
abrocharse el cinturón	serrer sa ceinture
apretarse el cinturón	se serrer la ceinture
vestir de paisano	être en civil
vestir el hábito	être en uniforme
Al entrar se quitó el sombrero.	En entrant il a enlevé son chapeau.
Lleva una chaqueta y una corbata a juego.	Il porte une veste et une cravate assortie.
¡Qué facha tiene!	Quelle allure elle a !
ir de capa caída	être mal en point
Ya no se estila.	Ce n'est plus à la mode.
Anda con lo puesto.	Il n'a que sa chemise.

EL MAQUILLAJE — LE MAQUILLAGE

los polvos de arroz	la poudre de riz	**empolvarse**	se poudrer
la barra de labios	le rouge à lèvres	**pintarse**	se maquiller
el pintalabios	le rouge à lèvres	**el perfume**	le parfum
la laca para las uñas	le vernis à ongles	**peinarse**	se peigner
el colorete	le fard	**afeitarse**	se raser, se maquiller

7. LA CASA — LA MAISON

Vocabulaire général

una casa	une maison	**la residencia**	la résidence
una vivienda	un logement	**la dirección**	l'adresse
el alojamiento	le logement	**las señas**	l'adresse

DESDE FUERA — DE L'EXTÉRIEUR

el solar	le terrain
el terreno	le terrain
la parcela	la parcelle
los cimientos	les fondations
una casita	une maisonnette
un caserón	une demeure
una casucha	une masure
la caseta	la niche
un chalet	une villa
un bloque	un immeuble
una manzana	un pâté de maisons
un piso	un appartement
un rascacielo	un gratte-ciel
la fachada	la façade
el muro	le mur
la tapia	le mur de jardin
el tejado	le toit
la techumbre	la toiture
la veleta	la girouette
la chimenea	la cheminée
la antena	l'antenne
la gotera	la gouttière
un balcón	un balcon
el alero	l'auvent
las macetas de flores	les pots de fleurs
los tiestos	les pots de fleurs
la cancela	la grille de jardin
la verja	la grille d'entrée
la reja	la grille de fenêtre
la azotea	la terrasse
la galería	la galerie
el patio	la cour intérieure
el portal	la porte d'entrée
la puerta	la porte
una puerta blindada	une porte blindée
la ventana	la fenêtre
un ventanuco	une petite fenêtre
la puerta trasera	la porte de service
el umbral	le seuil
la mirilla	le judas
el felpudo	le paillasson
el buzón	la boîte à lettres
la cerradura	la serrure
el candado	le cadenas
el cerrojo	le verrou
el llamador	le marteau de porte
el timbre	la sonnette
la campanilla	la clochette
la escalera	l'escalier
la baranda	la rampe
las gradas	les marches
los peldaños	les marches
una escalera de caracol	un escalier en colimaçon
el rellano	le palier
el descansillo	le palier
el ascensor	l'ascenseur
la planta baja	le rez-de-chaussée
el primer piso	le premier étage
el ático	le dernier étage
el entresuelo	l'entresol
el desván	le grenier
el trastero	le grenier
una buhardilla	une mansarde
el sótano	la cave
la bodega	la cave à vin
un tugurio	un taudis

LOS MATERIALES — LES MATÉRIAUX

la piedra	la pierre
el cemento	le ciment
el ladrillo	la brique
el canto	la pierre de taille
el hormigón	le béton
la pizarra	l'ardoise
el granito	le granit
la cal	la chaux
el yeso	le plâtre
el estuco	le stuc
el mármol	le marbre
las tejas	les tuiles
el pavimento	le carrelage
las losas	les dalles
las losetas	les carreaux
los azulejos	les carreaux de faïence
las vigas	les poutres
el vidrio	le verre
el cristal	la vitre
la madera	le bois
el roble	le chêne
el pino	le pin
el nogal	le noyer
el castaño	le châtaignier
la caoba	l'acajou
el cobre	le cuivre
la plata	l'argent
el bronce	le bronze
el estaño	l'étain

el aluminio	l'aluminium	**el hierro forjado**	le fer forgé
la hojalata	le fer blanc		

Expressions et phrases

¿Dónde vive? — ahí arriba.	Où habite-t-il ? — en haut.
No está aquí, se quedó abajo.	Il n'est pas là, il est resté en bas.
La sala da a la calle.	La pièce donne sur la rue.
Voy a casa.	Je vais chez moi.
¡Paquita! ¿estás ? — ¡voy!	Paquita, tu es là ? — j'arrive !
Alguien llama a la puerta.	On frappe à la porte.
Vive al lado.	Il habite à côté.
No es aquí, es la puerta de al lado.	Ce n'est pas ici, c'est la porte d'à côté.
¡Abre ! soy yo, Juan!	Ouvre ! c'est moi, Jean !
¿se puede?	On peut entrer ?
¿Quién llamará a esta hora?	Qui peut bien frapper à cette heure-là ?
¡Adelante!	Entrez !
¡Pase Usted!	Entrez !
Está escaleras arriba.	Elle est en haut de l'escalier.
prohibido el paso	défense d'entrer
echar el pestillo	pousser le verrou
descorrer el cerrojo	ouvrir le verrou
cerrar con siete llaves	fermer à double tour
cerrar a cal y canto	fermer à double tour
vulnerar una puerta	forcer une porte
Se trasladaron a otro barrio.	Ils ont déménagé.
dar portazos	claquer les portes
Está a la puetra.	Il est à la porte.
Ésta es su casa.	Faites comme chez vous.
relegar en el trastero	mettre au grenier
visitar a un amigo	rendre visite à un ami
La puerta está abierta de par en par.	La porte est grand ouverte.

DESDE DENTRO — DE L'INTÉRIEUR

una estancia	une pièce	**la decoración**	la décoration
un tabique	une cloison	**la sala de estar**	la salle de séjour
el corredor	le couloir	**un mueble**	un meuble
el pasillo	le couloir	**un asiento**	un siège
el zaguán	le vestibule	**una alfombra**	un tapis
la orientación	l'orientation	**un tapiz**	une tapisserie
el entarimado	le plancher	**las cortinas**	les doubles rideaux
el papel pintado	le papier peint	**los visillos**	les rideaux
el suelo enmoquetado	le sol recouvert de moquette	**un estor**	un store
un rincón	un coin	**un sillón**	un fauteuil
la calefacción	le chauffage	**una butaca**	un fauteuil
un radiador	un radiateur	**un tresillo**	un salon (un canapé et deux fauteuils)
el alumbrado	l'éclairage	**una librería**	une bibliothèque
el aire acondicionado	l'air conditionné	**los estantes**	les étagères
		una vitrina	une vitrine

un espejo	un miroir	**una araña**	un lustre
un cuadro	un tableau	**un candelabro**	un candélabre
la chimenea	la cheminée	**una candela**	une bougie
una lámpara	une lampe	**una vela**	une bougie
una bombilla	une ampoule		

Vocabulaire spécialisé

sentarse	s'asseoir	**el comedor**	la salle à manger
incorporarse	se redresser	**una mesa**	une table
inclinarse	se pencher	**las sillas**	les chaises
asomarse	se pencher (à la fenêtre)	**la alacena**	le buffet
		un arca	un coffre
respaldarse	s'adosser	**el reloj de pared**	l'horloge
tumbarse	se coucher	**une silla plegable**	une chaise pliante
acostarse	se coucher	**una silla de tijeras**	une chaise pliante
ponerse de pie	se mettre debout		

LAS HABITACIONES — LES CHAMBRES

un dormitorio	une chambre	**la mesita de noche**	la table de nuit
un cuarto	une chambre	**un tocador**	une coiffeuse
una alcoba	une alcôve	**una cómoda**	une commode
la cama	le lit	**un cajón**	un tiroir
el lecho	le lit	**el guardarropa**	le vestiaire
la cuna	le berceau	**un baúl**	un coffre
el somier	le sommier	**la máquina de coser**	la machine à coudre
el colchón	le matelas		
una sábana	un drap	**la máquina de hacer punto**	la machine à tricoter
una manta	une couverture		
una almohada	un oreiller	**el despacho**	le bureau
la colcha	l'édredon	**el escritorio**	le secrétaire
un almohadón	un coussin	**una gaveta**	un petit tiroir
un armario	une armoire	**la máquina de escribir**	la machine à écrire
un armario de luna	une armoire à glace		
un armario empotrado	une armoire encastrée	**la computadora**	l'ordinateur

LA COCINA — LA CUISINE

la pila	l'évier	**la olla a presión**	la cocotte minute
el grifo	le robinet	**la freidora**	la friteuse
la vajilla	la vaisselle	**una cocina eléctrica**	une cuisinière électrique
el menaje	la batterie de cuisine		
los enseres domésticos	la batterie de cuisine	**el hornillo de gas**	le réchaud à gaz
		el infiernillo	le réchaud
un puchero	une marmite	**el horno microondas**	le four à micro-ondes
una cacerola	un fait-tout		
el colador	la passoire	**la campana estractora**	la hotte aspirante
la cuchara de palo	la cuillère en bois		
una cazuela	une casserole	**la nevera**	la glacière
una sartén (sartenes)	une poêle	**el refrigerador**	le réfrigérateur
		el congelador	le congélateur

el tostador de pan	le grille-pain	**un trapo**	un chiffon
una estufa	un poêle	**un paño**	un torchon
un taburete	un tabouret	**una esponja**	une éponge
el cubo de la basura	la poubelle	**la bayeta**	la serpillière

Vocabulaire spécialisé

el abrelatas	l'ouvre-boîtes	**el lavaplatos**	le lave-vaisselle
el pelapatatas	l'éplucheur	**el secarropa**	le sèche-cheveux
el cascanueces	le casse-noix	**el secapelo**	le sèche-linge
el sacacorchos	le tire-bouchons	**el lavavajilla**	le lave-vaisselle
el mondadientes	le cure-dents		

EL CUARTO DE BAÑO — LA SALLE DE BAIN

la bañera	la baignoire	**la pastilla de jabón**	la savonnette
la ducha	la douche	**la navaja de afeitar**	le rasoir
el lavabo	le lavabo	**la maquinilla de afeitar eléctrica**	le rasoir électrique
el bidé	le bidet		
la repisa	la tablette du lavabo	**la cuchilla de afeitar**	la lame de rasoir
el retrete	les cabinets		
la palangana	la cuvette	**el peine**	le peigne
el perchero	le portemanteau	**el cepillo**	la brosse
el colgador	le portemanteau	**el cepillo de dientes**	la brosse à dent
la toalla	la serviette de toilette		
la manopla	le gant	**la crema dental**	le dentifrice
el jabón	le savon	**las pinzas de tender**	les pinces à linge

INSTALACIÓN Y MUDANZA — INSTALLATION ET DÉMÉNAGEMENT

vivir	vivre, habiter	**derrumbar**	démolir
habitar	habiter	**renovar**	rénover
residir	résider	**enjalbegar con cal**	blanchir à la chaux
ocupar	occuper	**blanquear**	blanchir
alquilar	louer	**pintar**	peindre
visitar	visiter	**restaurar**	restaurer
comprar	acheter	**aislar**	isoler
abrigar	abriter	**amueblar**	meubler
el alquiler	le loyer	**decorar**	décorer
el dueño	le propriétaire	**adornar**	décorer
el arquitecto	l'architecte	**espacioso**	spacieux
el inquilino	le locataire	**moderno**	moderne
el vecino	le voisin	**limpio**	propre
una segunda vivienda	une résidence secondaire	**acomodado**	aisé
		humilde	humble
alojar	loger	**húmedo**	humide
desalojar	expulser	**polvoriento**	poussiéreux
expulsar	expulser	**sucio**	sale
mudarse	déménager	**mugriento**	crasseux
construir	construire	**ruidoso**	bruyant
edificar	construire	**oscuro**	sombre

diminuto	minuscule	**la herrumbre**	la rouille
reducido	réduit	**ruinoso**	en ruine
exiguo	exigu	**una grieta**	une fissure
sórdido	sordide	**precario**	précaire
descuidado	négligé	**sin techo**	sans abri
desconchado	décrépi	**sin hogar**	sans foyer
desvencijado	déglingué	**el okupa**	le squatter
un tugurio	un taudis		

LAS FAENAS CASERAS — LES TRAVAUX MÉNAGERS

lavar	laver	**prender fuego**	allumer le feu
limpiar	nettoyer	**correr las cortinas**	tirer les rideaux (fermer)
barrer	balayer	**descorrer las cortinas**	tirer les rideaux (ouvrir)
hacer la limpieza	faire le ménage	**pasar el aspirador**	passer l'aspirateur
la escoba	le balai	**hacer la colada**	faire la lessive
enjuagar	rincer	**planchar**	repasser
encerar	cirer	**ir de compras**	aller faire les courses
secar	sécher	**acudir al teléfono**	répondre au téléphone
fregar	faire la vaisselle	**calentar**	chauffer
frotar	frotter	**ventilar**	aérer
guardar	ranger	**lustrar los zapatos**	cirer les chaussures
ordenar	mettre de l'ordre	**bruñir el cobre**	faire briller les cuivres
alumbrar	éclairer		
encender	allumer		
apagar	éteindre		
enchufar	brancher		

Expressions et phrases

los quehaceres	les tâches ménagères
Tengo mucho que hacer.	J'ai beaucoup à faire.
La cama está sin hacer.	Le lit n'est pas fait.
Te queda mucha ropa por planchar.	Tu as encore beaucoup de linge à repasser.
Está para salir.	Il est sur le point se sortir.
Estoy por ir a dar una vuelta.	J'ai envie d'aller faire un tour.
La casa está sin amueblar.	La maison n'est pas meublée.
No lo puedo dejar, lo tengo a medio hacer.	Je ne peux pas laisser mon travail, il est à moitié fait.
Voy por pan.	Je vais chercher le pain.
Tu padre fue a por tabaco.	Ton père est allé chercher des cigarettes.
Seguía sin prestarle atención.	Il ne faisait toujours pas attention à lui.
de tejas abajo	en ce bas monde
sentarse al amor de la lumbre	s'asseoir au coin du feu
dormir al amor de las estrellas	dormir à la belle étoile
no tener donde caerse muerto	être sur le pavé
Se pasa la mañana dale que dale a la limpieza.	Elle passe la matinée à frotter.
Hay que consultar con la almohada.	La nuit porte conseil.

8. EL DEPORTE — LE SPORT

Vocabulaire général

un deporte de élite	un sport d'élite
un deportista	un sportif
un deportista de alta competición	un sportif de haut niveau
deportivo	sportif
un jugador	un joueur
aficionado	amateur
profesional	professionnel
un atleta	un athlète
un campeón	un champion
un suplente	un suppléant
el juego	le jeu
un partido	un match
un concurso	un concours
una prueba	un essai
una contienda	une lutte
un encuentro	une rencontre
un torneo	un tournoi
la competición	la compétition
un campeonato	un championnat
el sorteo	le tirage au sort
la tabla	le tableau
la semifinal	la demi-finale
la final	la finale
la clasificación	le classement
la calificación	la qualification
practicar	pratiquer
competir	concourir
concurrir	concourir
ganar	gagner
perder	perdre
la victoria	la victoire
la derrota	la défaite
vencer	l'emporter
una hazaña	un exploit
puntuar	marquer des points
la marca	le score
batir un récord	battre un record
competitivo	compétitif
entrenarse	s'entraîner
calentarse	s'échauffer
esforzarse	s'efforcer
cansarse	se fatiguer
estar agotado	être épuisé
descansar	se reposer
sobrepasar	dépasser
superar	surmonter
el entrenamiento	l'entraînement
el entrenador	l'entraîneur
la medalla	la médaille
el trofeo	le trophée
la copa	la coupe
El Mundial	La Coupe du Monde
Los Juegos Olímpicos (JJ OO)	Les Jeux Olympiques
La Liga	Le Championnat de Football

Expressions et phrases

participar en un partido	participer à une rencontre
luchar por conseguir la victoria	lutter pour la victoire
lograr subir a duras penas	avoir beaucoup de mal à monter
alcanzar la meta	atteindre le but
superar el dolor	supporter la douleur
resistir el entrenamiento	résister à l'entraînement
ser descalificado por haberse dopado	être disqualifié pour dopage
estar entre la espada y la pared	avoir le couteau sous la gorge
ir cuesta arriba	remonter la pente
remar río abajo	descendre la rivière à la rame

LOS CAMPOS DEPORTIVOS / LES TERRAINS DE SPORT

el estadio	le stade
el terreno	le terrain
la cancha	le terrain, le court de tennis
la pista	la piste, le court de tennis
el césped	la pelouse
el polideportivo	le stade omnisports
el gimnasio	le gymnase
la piscina	la piscine
un club	un club
una federación	une fédération
los socios del club	les membres du club
la peña	le club de supporters
el público	le public
los espectadores	les spectateurs
las gradas	les gradins
la entrada	le billet
aplaudir	applaudir
el aplauso	les applaudissements
abuchear	huer
el abucheo	les huées
el equipo	l'équipement
la bolsa de deporte	le sac de sport
la mochila	le sac à dos
el chándal	le survêtement
las zapatillas	les chaussures de tennis
las medias de sport	les chaussettes montantes
un equipamiento ligero	un équipement léger
la camiseta	le tricot
el pantalón corto	le short
el traje de baño	le maillot de bain
el gorro	le bonnet
el vestuario	le vestiaire

EL FÚTBOL / LE FOOTBALL

un futbolista	un footballeur
futbolístico	relatif au foot
la plantilla	l'équipe
el capitán	le capitaine
capitanear	diriger une équipe
la meta	le but
la portería	les buts
el delantero	l'avant
el delantero centro	l'avant centre
el ala	l'ailier
un defensa	un défenseur
el guardameta	le gardien de but
la pelota	la balle
el balón	le ballon
chutar	shooter
el córner	le corner
un seguidor	un supporter
un hincha	un fan
un forofo	un fan
el árbitro	l'arbitre
el arbitraje	l'arbitrage
la alineación del equipo	la composition de l'équipe
la contratación	l'engagement
el fichaje	le contrat
fichar	engager, être engagé
un pase	une passe
contrarrestar	contrer
contraatacar	contre-attaquer
fallar	échouer
cabecear	faire une tête
adelantarse	mener
un gol	un but
un autogol	un but contre son camp
un empate	un match nul
un penalti	un penalty
el segundo tiempo	la deuxième mi-temps
el descanso	la mi-temps

EL CICLISMO / LE CYCLISME

la bicicleta	le vélo
la bici de montaña	le vélo tout terrain
la BTT	le VTT
la vuelta	le Tour d'Espagne
el Tour de Francia	le Tour de France
una etapa de montaña	une étape de montagne
una contrarreloj	une étape contre la montre
el maillot amarillo	le maillot jaune

OTROS DEPORTES — D'AUTRES SPORTS

el baloncesto	le basket-ball
el balonmano	le volley-ball
el béisbol	le base-ball
el golf	le golf
la pelota vasca	la pelote basque
un pelotari	un joueur de pelote
el frontón	le fronton
la gimnasia	la gymnastique
el sable	le sabre
el atletismo	l'athlétisme
un atleta	un athlète
correr	courir
saltar	sauter
el cronómetro	le chronomètre
la vela	la voile
navegar	naviguer
una regata	une régate
un velero	un voilier
gobernar	barrer
el buceo	la plongée sous-marine
un buzo	un plongeur
bucear	faire de la plongée
zambullirse	plonger
la tabla a vela	la planche à voile
el esquí	le ski
el esquiador	le skieur
esquiar	skier
deslizarse	glisser
la pista	la piste
la nieve	la neige
el hielo	la glace
los bastones	les bâtons
la telesilla	le télésiège
el telesquí	le téléski
el remonte	la remontée mécanique
el trineo	le traîneau
la escalada	l'escalade
escalar	escalader
trepar	grimper
el senderismo	la randonnée
el montañismo	l'alpinisme
un cañón	un ravin
un barranco	un ravin
el descenso de barranco	la descente de torrents
el piragüismo	le kayak
una canoa	un canoë
la natación	la natation
nadar	nager
el nadador	le nageur
nadar a braza	nager la brasse
nadar a espalda	nager sur le dos
el waterpolista	le joueur de water-polo
el judo	el yudo
la equitación	l'équitation
el caballero	le cavalier
montar	monter
la silla	la selle
saltar	sauter
apearse	descendre de cheval
el tenis	le tennis
la red	le filet
el saque	le service
el drive	le coup droit
el revés	le revers
un remate	un smash
una dejada	une amortie
la volea	la volée
el boxeo	la boxe
un boxeador	un boxeur
un peso pesado	un poids lourd
un peso pluma	un poids plume
el parapente	le parapente

CARA Y CRUZ — LES QUALITÉS ET LE REVERS DE LA MÉDAILLE

veloz	rapide
flexible	souple
diestro	habile
resistente	résistant
sano	sain
sobrio	sobre
heroico	héroïque
la disciplina	la discipline
el equilibrio	l'équilibre
la destreza	l'adresse
el héroe	le héros
el ídolo	l'idole
el niño prodigio	l'enfant prodige
el mito	le mythe
subir al podio	monter sur le podium
un calambre	une crampe
el control anti-dopaje	le contrôle antidopage
doparse	se doper
el dopaje	le dopage
las quinielas	les paris
la cartulina	le carton
la tarjeta amarilla	le carton jaune

Expressions et phrases

Desperdició ocasiones.	Il a raté des occasions.
Tenían el partido en las manos.	Ils avaient le match en mains.
Encajaron dos goles en cuatro minutos.	Ils ont encaissé deux buts en quatre minutes.
Fue un partido empatado a cero.	Cela a fait un match nul.
Han bajado a Segunda División.	Ils sont descendus en Seconde Division.
Parte entre los favoritos.	Il part parmi les favoris.
Se lo traspasó al fútbol francés.	On l'a transféré dans un club français.
Disparó el entusiasmo de los espectadores.	Il a déchaîné l'enthousiasme des spectateurs.
Marcó el primer gol.	Il a marqué le premier but.
Ficha por el Barça.	Il est engagé par le Barça.
La carrera consta de 53 vueltas.	La course comporte 53 tours.
Se ha hundido.	Il a craqué.
Puso el listón muy alto.	Il a placé la barre très haut.
Sufre la presión de los medios.	Il subit la pression des media.
Se deslizaba en tumba abierta.	Il dévalait la pente à tombeau ouvert.
Los entes televisivos han favorecido la compra de grandes jugadores.	Les chaînes de télé ont favorisé l'achat de grands joueurs.

9. LOS OCIOS — LES LOISIRS

Vocabulaire général

holgar	ne rien faire	**deleitarse**	se régaler
holgazán	paresseux	**el ocio**	le loisir
descansar	se reposer	**la ociosidad**	l'oisiveté
divertirse	s'amuser	**el recreo**	la récréation
distraerse	se distraire	**el descanso**	le repos
aburrirse	s'ennuyer	**la huelga**	la grève
entretenerse	passer le temps	**el tiempo libre**	le temps libre
recrearse	se divertir	**ocioso**	oisif
agradar	faire plaisir	**desocupado**	oisif
desagradar	déplaire	**vacante**	libre
celebrar	fêter	**las vacaciones**	les vacances
festejar	festoyer, faire la fête	**el asueto**	le congé
relajarse	se relaxer	**un día festivo**	un jour de fête
desahogar	se défouler	**el aburrimiento**	l'ennui
gozar	jouir	**el tedio**	la lassitude
disfrutar	profiter	**el hastío**	le dégoût
aprovechar	profiter	**la morriña**	le cafard
evadirse	s'évader	**una distracción**	une distraction
dedicarse	se consacrer	**un divertimiento**	un amusement

el gozo	la jouissance	**entretenido**	amusant
el goce	le plaisir	**gracioso**	drôle
el placer	le plaisir	**cómico**	comique
la evasión	l'évasion	**la comicidad**	le comique
una invitación	une invitation	**fenomenal**	extraordinaire
un convite	une invitation	**estupendo**	formidable
la fiesta	la fête	**marchoso**	sympathique
el festejo	la réjouissance	**predilecto**	préféré
alegre	joyeux	**apasionado**	passionné
ameno	agréable	**una afición**	un goût
grato	agréable	**una predilección**	une prédilection
divertido	amusant	**el capricho**	le caprice

Expressions et phrases

¡Que te vaya bien!	Amuse-toi bien !
¡Que te diviertas!	Amuse-toi
¡Que lo pases bien!	Profites-en !
Se me ocurre salir.	J'ai envie de sortir.
Se me antoja ir al restaurante.	Il me prend l'envie d'aller au restaurant.
¡Vaya idea!	Quelle idée !
Me gusta leer.	J'aime lire.
Me ilusiona viajar.	Cela m'enchante de voyager.
Me chifla este disco.	J'adore ce disque.
¿Te apetece dar una vuelta?	Cela te dit de faire un tour ?
Me tiene sin cuidado.	Je m'en moque.
Es un aguafiestas.	C'est un trouble-fête.
Vamos allí en plan de turismo.	Nous y allons pour faire du tourisme.
Merece que lo celebremos.	Il faut fêter ça.

LUGARES DE ESPARCIMIENTO — LIEUX DE DÉTENTE

el cine	le cinéma	**la plaza de toros**	les arènes
el teatro	le théâtre	**el parque de atracciones**	le parc d'attractions
el circo	le cirque	**la feria**	la foire
la sala de concierto	la salle de concert	**el museo**	le musée
la calle	la rue	**un área lúdica**	une aire de jeu
el bar	le bar	**el zoológico**	le zoo
un club	un club	**la Casa de la Cultura**	la Maison de la Culture
un lugar de moda	un endroit à la mode		
el salón recreativo	la salle de jeux		
la discoteca	la boîte de nuit		

LAS ACTIVIDADES — LES ACTIVITÉS

una película	un film	**la lectura**	la lecture
un dibujo animado	un dessin animé	**una novela**	un roman
un oeste	un western	**una revista**	une revue
sacar un billete	prendre un billet	**un tebeo**	une bande dessinée
una localidad	une place de théâtre	**oír la radio**	écouter la radio
el escenario	la scène du théâtre	**a tope**	à fond
la función	la représentation	**mirar la tele**	regarder la télé
la tauromaquia	la tauromachie	**un serial**	un feuilleton

una tertulia radiofónica	une émission
los oyentes	les auditeurs
los telespectadores	les téléspectateurs
un disco	un disque
un disco compacto	un C.D.
conectar el dial	brancher la radio
un casete	une cassette
un vídeo	une cassette vidéo
zapear	zapper
el telemando	la télécommande
la pequeña pantalla	le petit écran
un canal	une chaîne
una cadena	une chaîne
una cámara	une caméra
sacar fotos	prendre des photos
coleccionar	collectionner
el coleccionista	le collectionneur
una charla	un entretien
callejear	flâner
pasear	se promener
tocar el piano	jouer du piano
ir a la sierra	aller à la montagne
salir al campo	partir à la campagne
bailar	danser
el baile	la danse, le bal
la verbena	la fête
un guateque	une boum
cantar	chanter
ir de copas	aller prendre un verre
una ronda	une tournée
ir de tapas	aller prendre l'apéritif
ir de juerga	aller faire la foire
el bullicio	le chahut
la bulla	le raffut

Expressions et phrases

¿Qué haces en tus ratos libres?	Que fais-tu pendant tes moments de liberté ?
Se pasa la tarde leyendo.	Il passe l'après-midi à lire.
Anoche fuimos al teatro.	Hier soir nous sommes allés au théâtre.
Haré lo que me dé la real gana.	Je ferai ce que bon me semblera.
Se tiene que celebrar.	Il faut fêter ça.
trasnochar	passer une nuit blanche
Quedamos en ir al cine.	Nous avons décidé d'aller au cinéma.
Nos citamos en la plaza.	Nous sommes donné rendez-vous sur la place.
Se está horas y horas oyendo música.	Ils passe des heures à écouter de la musique.
Pasamos un fin de semana fenomenal.	Nous avons passé un week-end formidable.
Dio la casualidad de que pasara por allí.	Il s'est trouvé que je passais par là.
Los miércoles suelo ir a la piscina.	Le mercredi je vais souvent à la piscine.
Hay que reservar una mesa con antelación.	Il faut réserver une table.
No tuve tiempo para ir.	Je n'ai pas eu le temps d'y aller.
No he tenido el tiempo de leerlo.	Je n'ai pas eu le temps de le lire.

LOS JUEGOS — LES JEUX

jugar	jouer
un jugador	un joueur
los juegos de sobremesa	les jeux de société
una partida	une partie
echar una partida	faire une partie
los naipes	les cartes
el tapete verde	le tapis vert
la baraja	le jeu de cartes
barajar	battre
dar	donner
el triunfo	l'atout
bastos	gourdin
copa	coupe
oro	or
pico	pique (jeu français)
corazón	cœur
diamante	carreau

trébol	trèfle
el bridge	le bridge
la canasta	la canasta
el póquer	le poker
un solitario	une réussite
un impase	une impasse
perder	perdre
ganar	gagner
el as	l'as
el rey	le roi
el caballo	cavalier (correspondant à la dame)
la sota	le valet
hacer trampa	tricher
tramposo	tricheur
el desquite	la revanche
una jugada	une façon de jouer
las damas	le jeu de dames
el ajedrez	les échecs
la tabla	l'échiquier
la palestra	l'échiquier
el alfil	le fou
la torre	la tour
el caballo	le cavalier
el peón	le pion
la táctica	la tactique
dar jaque mate	faire échec et mat
los dados	les dés
el dominó	le domino
sacar una ventaja	avoir l'avantage
el billar	le billard
un juego de azar	un jeu de hasard
el Bingo	le Bingo
la Lotería	la Loterie
la Once	la Loterie (au profit des aveugles)
la Lotería primitiva	le Loto
la suerte	la chance
la desventura	la malchance
el sorteo	le tirage au sort
sortear	tirer au sort
torpe	maladroit
diestro	adroit
hábil	habile
un enigma	une énigme
un crucigrama	des mots croisés
una adivinanza	une devinette
la máquina tragaperras	la machine à sous

Expressions et phrases

Mira el canal de los deportes sin voz.	Il regarde la chaîne des sports sans le son.
Quítenme lo bailado.	Ce qui est pris est pris.
Le tocó el premio gordo.	Il a gagné le gros lot.
Te convido una copita.	Je t'offre un verre.
No me quiero perder esta película.	Je ne veux pas rater ce film.
lo que se ventila	les enjeux
¿Vale la pena el envite?	Cela vaut-il la peine de miser si gros ?
Las cartas están marcadas.	Les cartes sont truquées.
La suerte está echada.	Le sort en est jeté.

LOS JUEGOS DE NIÑOS — LES JEUX D'ENFANTS

el tiovivo	le manège
el títere	la marionnette
los juegos malabares	les jongleries
las canicas	les billes
el columpio	la balançoire
los patines de ruedas	les patins à roulettes
el monopatín	le skateboard
la bici	le vélo
el escondite	cache-cache
un rompecabezas	un puzzle
los marcianitos	le flipper
el futbolín	le football de table
un juguete	un jouet
la muñeca	la poupée
la comba	la corde à sauter
el trompo	la toupie
los soldaditos de plomo	les soldats de plomb
el aro	le cerceau
la cometa	le cerf-volant
el globo	le ballon

ACTIVIDADES EN LA NATURALEZA — ACTIVITÉS DE PLEIN AIR

la merienda campestre	le pique-nique
la acampada	le camping
la tienda	la tente
la furgoneta	le camping-car
el cuatro-cuatro	le quatre-quatre
el todoterreno	le véhicule tout terrain
la caza	la chasse
el cazador	le chasseur
la escopeta	le fusil de chasse
cazar	chasser
el jabalí	le sanglier
el ciervo	le cerf
el venado	le chevreuil
el faisán	le faisan
la perdiz	la perdrix
la pesca	la pêche
el pescador	le pêcheur
la caña de pescar	la canne à pêche
el anzuelo	l'hameçon

Expressions et phrases

volver con el morral vacío	revenir bredouille
la caza furtiva	le braconnage
los cepos para la caza	les pièges
rastrear huellas	suivre des traces
El cazador se camufla entre el matorral.	Le chasseur se camoufle dans les buissons.

III. LA SOCIEDAD

10. LA VIDA EN SOCIEDAD
LA VIE EN SOCIÉTÉ

LAS RELACIONES HUMANAS — LES RELATIONS HUMAINES

social	social
sociable	sociable
asocial	asocial
el medio	le milieu
el entorno	l'environnement
frecuentar	fréquenter
relacionarse	être lié
simple	simple
modesto	modeste
formal	correct
cursi	maniéré
común	commun
corriente	courant
vulgar	ordinaire
ordinario	vulgaire
cortés	poli
la cortesía	la politesse
el decoro	les convenances
esnob	snob
la influencia	l'influence
influenciar	influencer
influir	influer
el amigo	l'ami
un familiar	un proche
un conocido	une relation
entablar la conversación	engager la conversation
encontrar	rencontrer
dar con	rencontrer
un encuentro	une rencontre
la casualidad	le hasard
el azar	le hasard
reunirse	se réunir
convidar	inviter
una tertulia	une réunion
el huésped	l'hôte
recibir	recevoir
acoger	accueillir
la sociedad de consumo	la société de consommation

LAS CLASES — LES CLASSES

una capa social	une couche sociale
el estrato	la couche
el rango	le rang
el nivel de vida	le niveau de vie
la élite	l'élite
la burguesía	la bourgeoisie
un burgués	un bourgeois
un hidalgo	un gentilhomme
un noble	un noble
un aristócrata	un aristocrate
el rey	le roi
la reina	la reine
un infante	un infant
la infanta	l'infante
un paisano	un compatriote
un compatriota	un compatriote
el ciudadano	le citoyen
un ciudadano medio	un citoyen moyen
un ciudadano de a pie	un citoyen moyen
un semejante	un semblable
el prójimo	le prochain
el pueblo	le peuple
la plebe	le peuple
las masas	les masses
un fulano	un quidam
la multitud	la multitude
la muchedumbre	la foule
un funcionario	un fonctionnaire
un empleado	un employé
un político	un homme politique
un artesano	un artisan
un trabajador	un travailleur

la clase obrera	la classe ouvrière	**la escasez**	la pénurie
el proletariado	le prolétariat	**la miseria**	la misère
un proletario	un prolétaire	**la abundancia**	l'abondance
un parado	un chômeur	**los pudientes**	les puissants
popular	populaire	**menesteroso**	nécessiteux
acomodado	aisé	**pluricultural**	pluriculturel
rico	riche	**multiracial**	multiracial
pobre	pauvre	**probar fortuna**	chercher fortune
miserable	misérable	**acertar**	réussir
desfavorecido	défavorisé	**ascender**	grimper
medio	moyen	**el fracaso**	l'échec
mediano	moyen, médiocre	**arruinarse**	se ruiner
advenedizo	parvenu	**la fama**	la réputation
enriquecerse	s'enrichir	**la honra**	l'honneur
la pobreza	la pauvreté	**la consideración**	la considération

LOS CONFLICTOS — LES CONFLITS

la lucha de clases	la lutte des classes	**un policía**	un policier
la crisis	la crise	**la ronda**	la ronde
la protesta	la protestation	**vigilar**	surveiller
el descontento	le mécontentement	**registrar**	fouiller
el deterioro	la détérioration	**arrestar**	arrêter
la hostilidad	l'hostilité	**acercarse**	se rapprocher
protestar	protester	**ceder**	céder
reivindicar	revendiquer	**someter**	soumettre
reclamar	réclamer	**derrumbar**	abattre
quejarse	se plaindre	**desencadenar**	déchaîner
manifestarse	manifester	**ayudar**	aider
un lema	un slogan	**el socorro**	le secours
presionar	faire pression	**el auxilio**	l'aide
la revuelta	la révolte	**lo humanitario**	l'humanitaire
un levantamiento	un soulèvement	**una ONG (Organización No Gubernamental)**	une ONG (Organisation Non Gouvernementale)
un motín	une émeute		
la barricada	la barricade		
un adoquín	un pavé	**las ONGs**	les ONG
un desmán	un excès	**la cohesión**	la cohésion
desbordar	déborder	**el bienestar**	le bien-être
rebelde	rebelle	**el malestar**	le malaise
revolucionario	révolutionnaire	**la convivencia**	la cohabitation
estallar	éclater	**convivir**	cohabiter
resistir	résister	**ser y parecer**	être et paraître
oponerse	s'opposer	**el pacto social**	le pacte social
enfrentarse	affronter	**una oportunidad**	une chance
encarar	faire face	**la igualdad**	l'égalité
oprimir	opprimer	**la desigualdad**	l'inégalité
reprimir	réprimer	**la suerte**	le sort
controlar	contrôler	**la ventura**	la bonne fortune
la policía	la police	**promover**	promouvoir

EL RACISMO — LE RACISME

la raza	la race	**racial**	racial
un prejuicio	un préjugé	**el antisemitismo**	l'antisémitisme
racista	raciste	**la incomprensión**	l'incompréhension

la segregación	la ségrégation
la discriminación	la discrimination
la xenofobia	la xénophobie
xenófobo	xénophobe
el blanco	le blanc
el negro	le noir
el gitano	le gitan
el payo	l'espagnol non gitan
el moro	l'arabe
el judío	le juif
un latino	un latino-américain
un mestizo	un métis
el mestizaje	le métissage
la mayoría	la majorité
la minoría	la minorité
la comunidad	la communauté
el rechazo	le rejet
perseguir	poursuivre
despreciar	mépriser
frustrado	lésé
condenado	condamné
el clandestino	le clandestin
el indocumentado	le sans papiers
el inmigrante	l'immigrant
el paso	le passage
emigrar	émigrer
el emigrado	l'émigré
el flujo migratorio	le flux migratoire
huir	fuir
la huida	la fuite
la fuga	la fugue
el asilo	l'asile
el refugio	le refuge
el exilio	l'exil
el destierro	l'exil
solicitar	demander
una solicitud	une demande
una estancia	un séjour
permanecer	rester
legalizar	légaliser
ilegal	illégal
expulsar	expulser
apartar	écarter
rechazar	rejeter
acoger	accueillir
autóctono	autochtone
forastero	d'une autre région
extranjero	étranger
la integración	l'intégration
la inserción	l'insertion
un factor de integración	un facteur d'intégration
quedarse al margen	rester en marge
el aislamiento	l'isolement
el desarraigo	le déracinement
las raíces	les racines
el origen	l'origine
el país natal	le pays natal
la nacionalidad	la nationalité
la ciudadanía	la citoyenneté

LA MARGINACIÓN — LA MARGINALITÉ

el marginal	le marginal
el marginado	l'exclu
el mendigo	le mendiant
el pordiosero	le mendiant
pordiosear	mendier
pedir limosna	demander l'aumône
la calderilla	la menue monnaie
un vago	un vagabond
un bohemio	un clochard
un pícaro	un aventurier
la prostitución	la prostitution
una prostituta	une prostituée

LA DROGA — LA DROGUE

los estupefacientes	les stupéfiants
la cocaína	la cocaïne
la marijuana	la marijuana
el hachís	le haschich
la heroína	l'héroïne
un porro	un joint
una droga de diseño	une drogue de synthèse
la drogadicción	la toxicomanie
el drogadicto	le toxicomane
el mono	le manque
la dependencia	la dépendance
desengacharse	se désintoxiquer
el narcotráfico	le trafic de drogues
el camello	le dealer
una plaga	une plaie
una lacra	une plaie
un flagelo	un fléau
decomisar	saisir

EL PARO		LE CHÔMAGE	
estar en paro	être au chômage	**el paro de larga duración**	le chômage de longue durée
el desempleo	le chômage	**el despido laboral**	le licenciement
el índice	le taux	**el subempleo**	le sous emploi
la tasa	le taux	**la precariedad**	la précarité
el subsidio	l'indemnité	**precario**	précaire
el INEM (Instituto Nacional de Empleo)	l'ANPE	**el seguro de paro**	l'assurance chômage
		un contrato a tiempo parcial	un contrat à temps partiel

LA DELINCUENCIA		LA DÉLINQUANCE	
la violencia	la violence	**apuñalar**	poignarder
el delito	le délit	**acuchillar**	donner un coup de couteau
delictivo	délictueux	**la agresión**	l'agression
cometer	commettre	**la estafa**	l'escroquerie
un crimen (crímenes)	un crime	**un estafador**	un escroc
un robo	un vol	**falsear**	falsifier
un asesinato	un assassinat	**defraudar**	frauder
el asesino	l'assassin	**la inseguridad**	l'insécurité
el ladrón	le voleur	**una incertidumbre**	une incertitude
un mangante	un malfaiteur	**el rebrote**	la recrudescence
un chorizo	un petit voleur	**una multa**	une amende
un gamberro	un voyou	**un arresto**	une arrestation
robar	voler		

EL TERRORISMO		LE TERRORISME	
un secuestro	un enlèvement	**un cochebomba**	une voiture piégée
un rehén (rehenes)	un otage	**la explosión**	l'explosion
el rescate	la rançon	**la voladura**	l'explosion
el chantaje	le chantage	**un atentado**	un attentat

Expressions et phrases

Pertenece a la burguesía.	C'est un bourgeois.
Ganó un dinerillo.	Il a gagné un joli magot.
vivir del cuento	ne rien faire
vivir por debajo del umbral de pobreza	vivre en dessous du seuil de pauvreté
no tener casa ni hogar	être sans feu ni lieu
No le otorgan el derecho de asilo.	On ne lui accorde pas le droit d'asile.
Le condujeron a la frontera.	On l'a reconduit à la frontière.
apretarse el cinturón	se serrer la ceinture
No da para vivir.	Cela ne suffit pas pour vivre.
El paro castiga a los jóvenes.	Le chômage frappe les jeunes.
hablar de tú a tú	traiter comme un ami
No soy quien para decir esto.	Je suis mal placé pour dire ça.
Fue la gota que desborda el vaso.	C'est la goutte d'eau qui a fait déborder le vase.
Trae sus tintes de racismo.	Cela a une coloration raciste.

Los hay que sacan provecho de la prohibición.	La prohibition profite à certains.
Es un vago.	C'est un bon à rien..

11. LAS FIESTAS — LES FÊTES

Vocabulaire général

celebrar	célébrer	**jovial**	jovial
festejar	fêter	**jaranero**	chahuteur
conmemorar	commémorer	**bullicioso**	remuant
felicitar	souhaiter	**jocundo**	joyeux
guardar	respecter	**deslumbrante**	éblouissant
regalar	offrir	**pagano**	païen
ofrecer	présenter	**religioso**	religieux
rendir homenaje	rendre hommage	**irreligioso**	irréligieux
gozarse	se réjouir	**irrespetuoso**	irrespectueux
bailar	danser	**tradicional**	traditionnel
cantar	chanter	**ritual**	rituel
aguar	gâcher	**ancestral**	ancestral
malograr	gâcher	**milenario**	millénaire
estropear	gâter	**insólito**	insolite
una festividad	une festivité	**lúdico**	ludique
un rito	un rite	**mágico**	magique
el júbilo	la joie	**los días festivos y fiestas de guardar**	les jours de fête
el regocijo	la réjouissance	**el calendario festivo**	le calendrier des fêtes
la exultación	l'exultation	**el santoral**	la fête à souhaiter
la algarabía	le vacarme		
los parabienes	les félicitations		
la pompa	la pompe		

LAS FIESTAS FAMILIARES — LES FÊTES FAMILIALES

el natalicio	la naissance	**la boda**	la noce
el bautizo	le baptême	**el día de la Madre**	la fête des Mères
la primera comunión	la première communion	**el cumpleaños**	l'anniversaire
		el santo	la fête

LAS FIESTAS RELIGIOSAS — LES FÊTES RELIGIEUSES

la Asunción de la Virgen	l'Assomption	**Pentescostés**	la Pentecôte
		la romería	le pélerinage
los Reyes	les Rois	**la peregrinación**	le pélerinage
la Epifanía	l'Épiphanie	**el romero**	le pélerin
la Semana Santa	la Semaine Sainte	**el peregrino**	le pélerin
el Sábado de Gloria	le Samedi de Pâques	**Todos los Santos**	la Toussaint

Navidad	Noël	**la misa del gallo**	la messe de minuit
Nochebuena	la nuit de Noël	**el Papá Noel**	le Père Noël
el ambiente navideño	l'ambiance de Noël	**los regalos**	les cadeaux

LAS FIESTAS PAGANAS — LES FÊTES PAÏENNES

Nochevieja	la Saint Sylvestre	**la Feria**	la Foire
las felicitaciones	les cartes de vœux	**La Feria de muestras**	la Foire Exposition
Carnaval	Carnaval	**el feriante**	le forain
Carnestolendas	Carnaval	**la caseta**	le stand
la Candelaria	la Chandeleur	**el real de la feria**	le champ de foire
el Primero de Mayo	le Premier Mai	**la carpa**	le chapiteau
la fiesta de la Recolección	la fête des récoltes	**el tablado**	l'estrade
la fiesta de la Vendimia	la fête des Vendanges		

LAS MANIFESTACIONES — LES MANIFESTATIONS

los actos	les cérémonies	**un monigote**	un pantin
inaugurar	inaugurer	**la comparsa**	la mascarade
clausurar	clôturer	**el pasacalle**	le défilé
la comitiva	la suite	**el desfile**	le défilé
el cortejo	le cortège	**una saeta**	un chant pieux
la escolta	l'escorte	**un villancico**	un chant de Noël
la procesión	la procession	**la banda**	l'orchestre
los cohetes	les fusées	**la charanga**	la fanfare
los carros	les chars	**la zambomba**	le tambour
los farolillos de papel	les lampions	**la cucaña**	le mât de Cocagne
las serpentinas de colores	les serpentins	**el disfraz**	le déguisement
las bolitas de confeti	les confettis	**la máscara**	le masque
		la hoguera	le bûcher

LAS FIESTAS CIVILES — LES FÊTES CIVILES

el calendario festivo de las Comunidades Autónomas	le calendrier des fêtes des Communautés
el día de la Hispanidad	le jour du monde hispanique (12 octobre)
el día de la Comunidad	le jour de la Communauté autonome (différent pour chacune)
el día de la Constitución	le jour de la Constitution (6 décembre)

Expressions et phrases

pregonar la fiesta	inaugurer la fête (par un discours)
¡Felicidades!	Bonne fête !
¡Feliz año nuevo!	Bonne année !
cerrado por fiesta	fermé pour les fêtes
quemar un pelele	brûler un pantin
llevar en andas	porter sur un brancard

guardar especial devoción	vouer un culte
bailar la jota al son del tamboril y la dulzaína	danser la jota au son du tambourin et de la flûte
montar el nacimiento	installer la crèche
despedir el año	fêter la Saint Sylvestre
dar las pascuas	souhaiter la bonne année
como reza la tradición	comme le veut la tradition
Se viene celebrando desde tiempo inmemorial.	Cela se fête depuis la nuit des temps.
La procesión va por dentro.	Rien ne se montre des sentiments.
Es tradicional la subasta.	La vente aux enchères est traditionnelle.
En Castilla no hay fiesta sin toros	En Castille une fête sans taureaux est impensable
En la plaza se improvisa el ruedo con carros y tablones.	Sur la place on improvise une arène avec des charrettes et des planches.
La fiesta fue declarada de interés turístico.	La fête a été déclarée d'intérêt touristique.
" El mundo todo es máscaras ".	Le monde n'est que masque.
La banda ha arrancado con un pasodoble	L'orchestre a démarré par un paso doble
¡Y santas pascuas!	Un point c'est tout !
A las cinco de la tarde la plaza está de bote en bote.	À cinq heures de l'après-midi, les arènes sont pleines à craquer.

LA FÊTE NATIONALE LA FIESTA NACIONAL : LOS TOROS, LA CORRIDA

una novillada	une course de jeunes taureaux	**la capa**	la cape
el torero	le torero	**la muleta**	la muleta
un novillero	un jeune torero	**el estoque**	l'épée
el paseíllo	le défilé des toreros	**un pase**	une passe
el toril	le toril	**el rejoneador**	le torero à cheval
el chiquero	le toril	**el picador**	le picador
el traje de luces	l'habit de lumières	**las banderillas**	les banderilles
la montera	la toque	**la muerte**	la mise à mort

12. LA CIUDAD — LA VILLE

Vocabulaire général

la urbe	la grande ville	**suburbano**	suburbain
una capital	un chef-lieu	**un urbanista**	un urbaniste
una villa	une petite ville	**una urbanización**	une urbanisation
la corte	la cour	**un barrio**	un quartier
la metrópoli	la métropole	**el perímetro**	le périmètre
el urbanismo	l'urbanisme	**una ciudad portuaria**	une ville portuaire
urbano	urbain		

una ciudad dormitorio	une ville dortoir
una colonia obrera	une cité ouvrière
un distrito	un arrondissement
el suburbio	les faubourgs
la periferia	la périphérie
el casco antiguo	la vieille ville
una barriada	un quartier populaire
una chabola	un bidonville
extramuros	hors les murs
intramuros	dans les murs
las afueras	la banlieue
el municipio	la commune
el término municipal	les limites communales

LA TRAMA

LA TRAME

el plano	le plan
el ensanche	l'expansion
la ampliación	l'agrandissement
la extensión	l'étendue
una calle	une rue
el ancho de una calle	la largeur d'une rue
una avenida	une avenue
una rambla	une promenade
un bulevar	un boulevard
una callejuela	une ruelle
un callejón sin salida	une impasse
una plaza	une place
la Plaza Mayor	la Grand Place
una glorieta	un rond-point
la Gran Vía	la rue principale
la Calle Mayor	la Grand Rue
un cruce	un carrefour
una zona peatonal	une zone piétonne
una circunvalación	un boulevard périphérique
la acera	le trottoir
la calzada	la chaussée
la esquina	le coin de la rue
el paso de peatones	le passage pour piétons
el paso cebra	le passage protégé
el semáforo	les feux tricolores
el ámbar	le feu orange
una manzana	un pâté de maisons
un edificio	un immeuble
un monumento	un monument
cruzar la calle	traverser la rue
extraviarse	se perdre
preguntar el camino	demander son chemin
un vecino	un habitant, un voisin
un ciudadano	un citadin
un transeúnte	un passant
un mirón	un badaud
civil	civil
cívico	civique

EL EQUIPAMIENTO

L'ÉQUIPEMENT

los servicios públicos	les services publics
los usuarios	les usagers
el Ayuntamiento	la Mairie
la Audiencia	le Tribunal
los Correos	la Poste
la estación	la gare
el Teatro	le Théâtre
el Museo	le Musée
el Cuartel de la Guardia Civil	la Caserne de la Garde Civile
la Comisaría	le Commissariat
la Oficina de Turismo	l'Office du Tourisme
los Bomberos	les Pompiers
la policía	la police
un policía	un policier
la Iglesia	l'église
la Catedral	la Cathédrale
el cementerio	le cimetière
el campo santo	le cimetière
el guardia urbano	le sergent de ville
una cabina telefónica	une cabine téléphonique
el quiosco de periódicos	le kiosque à journaux
la papelera	la corbeille à papiers

LAS INFRAESTRUCTURAS	LES INFRASTRUCTURES
el agua	l'eau
el vertedero	la décharge
la recogida de basura	le ramassage des ordures
un contenedor	un conteneur
el asfalto	l'asphalte
el alquitrán	le goudron
las obras	les travaux
un adoquín	un pavé
el alumbrado	l'éclairage
un farol	un réverbère
una farola	un réverbère
los transportes	les transports
los transportes de superficie	les transports de surface
el autobús	l'autobus
la parada del autobús	l'arrêt d'autobus
el carril-bus	le couloir d'autobus
el carril-bici	la piste cyclable
el revisor	le contrôleur
el conductor	le conducteur
el tranvía	le tramway
el metro	le métro
la línea	la ligne
la boca del metro	la bouche de métro
el paso subterráneo	le passage souterrain
el andén (andenes)	le quai
la unidad	la rame
transbordar en	changer à
el tráfico rodado	la circulation
un aparcamiento	un parking
el parquímetro	le parcmètre
un taxi	un taxi
un taxista	un chauffeur de taxi
un parque	un parc
los espacios verdes	les espaces verts

LA CONSTRUCCIÓN	LA CONSTRUCTION
el armazón urbano	la conception de la ville
un metro cuadrado	un mètre carré
una hectárea (ha)	un hectare
el solar	le terrain à bâtir
un descampado	un terrain vague
la alineación	l'alignement
los promotores	les promoteurs
rudimentario	rudimentaire
subequipado	sous-équipé
sórdido	sordide
seguro	sûr
inseguro	peu sûr
vetusto	vétuste
concurrido	fréquenté
atiborrado	bondé
empinado	en pente

Vocabulaire spécialisé

vallisoletano	de Valladolid
castellonense	de Castellón
onubense	de Huelva
hispalense (de Séville : Hispalis)	Sévillan
elicitano	de Elche
madrileño	Madrilène
malagueño	de Malaga
salmantino	de Salamanque
jiennense	de Jaén
pamplonico	de Pampelune
donostiarra	de Saint Sébastien
gaditano	de Cadix
turolense	de Teruel
burgalés	de Burgos

LOS PROBLEMAS URBANOS	LES PROBLÈMES URBAINS
una vivienda vacante	un logement vide
la cuevas	les grottes
las colmenas	les cages à lapins
el aislamiento	l'isolement
la promiscuidad	la promiscuité
el vecindario	le voisinage
la violencia	la violence
la prisa	la hâte
el apresuramiento	la précipitation
apresurarse	se hâter
darse prisa	se dépêcher

un empellón	une bousculade	**el colapso**	la paralysie de la circulation
derribar	démolir		
una pintada	un graffiti	**una retención**	un bouchon
un atropello	un accident de piéton	**el hundimiento**	l'effondrement
un atasco	un embouteillage		

Expressions et phrases

prohibido el paso	défense d'entrer
ceda el paso	stop
prohibido aparcar	défense de stationner
prohibido fijar carteles	défense d'afficher
vado permanente	sortie de voitures
¡Grúa!	Enlèvement immédiat !
a más velocidad, semáforo cerrado	au-delà de cette vitesse, le feu passe au rouge
saltar un stop	griller un stop
saltarse el semáforo	brûler le feu rouge
citarse	se donner rendez-vous
La ciudad supera los 4 millones de habitantes.	La ville dépasse les 4 millions d'habitants.
Me corrí Madrid de punta a cabo.	J'ai parcouru Madrid d'un bout à l'autre.
Se intenta luchar contra el chabolismo.	On essaie de lutter contre la création de bidonvilles.
Carecen de los servicios más elementales.	Ils sont dépourvus des services les plus élémentaires.
Madrid ha pasado a ser la ciudad más poblada.	Madrid est devenue la ville la plus peuplée.
En las horas punta, será difícil circular.	Aux heures de pointe, il doit être difficile de circuler.
Más vale no salir de casa.	Mieux vaut rester chez soi.
¡Diríjase a nuestras oficinas!	Adressez-vous à nos bureaux.
Vive dos manzanas abajo.	Il habite deux pâtés de maisons plus bas.
Camina avenida arriba.	Elle remonte l'avenue.
"Quien no ha visto a Sevilla, no ha visto maravilla".	Qui n'a pas vu Séville n'a rien vu.
"Soy de Grana, casi na".	Je suis de Grenade, rien que ça.
La ciudad del oso y el madroño.	La ville de l'ours et de l'arbouse (Madrid).

13. LA VIDA POLÍTICA — LA VIE POLITIQUE

LAS INSTITUCIONES — LES INSTITUTIONS

un estado	un État	**un gobierno**	un gouvernement
una nación	une nation	**un político**	un homme politique

el Presidente de Gobierno	le chef du gouvernement
el Concejo de ministros	le Conseil des ministres
un ministro	un ministre
un ministerio	un ministère
el poder ejecutivo	le pouvoir exécutif
el poder legislativo	le pouvoir législatif
un gobernante	un gouvernant
la representación	la représentation
las Cortes	le Parlement
el parlamento	le parlement
el Congreso de Diputados	la Chambre des Députés
una cámara	une chambre
el Senado	le Sénat
un senador	un sénateur
un diputado	un député
la legislatura	la législature
el mandato	le mandat
un escaño	un siège
una democracia	une démocratie
el totalitarismo	le totalitarisme
la república	la république
la monarquía parlamentaria	la monarchie constitutionnelle
el monarca	le monarque
el rey	le roi
una dinastía	une dynastie
los súbditos	les sujets
la reina	la reine
el infante	l'infant
el soberano	le souverain
un reino	un royaume
el reinado	le règne
la Constitución	la Constitution
la corona	la couronne
el heredero de la corona	l'héritier de la couronne
el delfín	le dauphin
un dictador	un dictateur
un tirano	un tyran
un déspota	un despote
gobernar	gouverner
dirigir	diriger
mandar	commander
abdicar	abdiquer
el trono	le trône
un consejero	un conseiller
la jerarquía	la hiérarchie
un tecnócrata	un technocrate
el palacio	le palais

EL GOBIERNO — LE GOUVERNEMENT

el régimen (regímenes)	le régime
un gobierno-puente	un gouvernement de transition
una ley	une loi
un proyecto de ley	un projet de loi
una proposición no de ley	une proposition de loi parlementaire
una medida de ajuste	une mesure de restriction
promulgar	promulguer
ratificar	ratifier
la asamblea	l'assemblée
el gabinete	le cabinet
la sede	le siège
un título	un titre
una cumbre	un sommet
un informe	un rapport
una encuesta	une enquête
el presupuesto	le budget
el impuesto	l'impôt
un golpe de estado	un coup d'État
un golpe frustrado	un coup d'État raté

LAS ELECCIONES — LES ÉLECTIONS

el voto	le vote
el derecho de voto	le droit de vote
votar	voter
un plebiscito	un plébiscite
una circunscripción	une circonscription
presentarse a las elecciones	se présenter aux élections
el candidato por una ciudad	le candidat d'une ville
un líder	un leader
el electorado	l'électorat
un elector	un électeur
la campaña	la campagne
una gira	une tournée
una maniobra electoral	une manœuvre électorale
una cuota de mujeres	un contingent de femmes
el sufragio	le suffrage
los comicios	les élections
la abstención	l'abstention

la papeleta	le bulletin
la urna	l'urne
la mesa electoral	le bureau de vote
los votantes	les votants
los votos emitidos	les suffrages exprimés
el referéndum	le référendum
un sondeo de opinión	un sondage d'opinion
una encuesta	une enquête
los encuestados	les personnes interrogées
la mayoría	la majorité

LAS CC AA (LAS COMUNIDADES AUTÓNOMAS)

LES COMMUNAUTÉS AUTONOMES

Castilla y León	Castille et Leon
Castilla-La Mancha	Castille-La Manche
Madrid	Madrid
La Generalitat de Cataluña	La Catalogne
Cantabria	La Région Cantabrique
Galicia	La Galice
Asturias	Les Asturies
Extremadura	L'Estrémadure
Andalucía	L'Andalousie
La Comunidad Valenciana	Valence
Aragón	L'Aragon
Murcia	Murcie
País Vasco	Le Pays Basque
Navarra	La Navarre
La Rioja	La Rioja
Baleares	Les Baléares
Canarias	Les Canaries
los presidios (Ceuta y Melilla)	les présides (Ceuta et Melilla)
castellano	Castillan
madrileño	Madrilène
catalán	Catalan
cantábrico	Cantabrique
gallego	Galicien
asturiano	Asturien
extremeño	d'Estrémadure
andaluz	Andalou
valenciano	Valencien
aragonés	Aragonais
murciano	de Murcie
vasco	Basque
navarro	Navarrais
balear	Baléare
canario	des Canaries
riojano	de la Rioja
una autonomía	une communauté autonome
el estatuto	le statut
los fueros	les privilèges
las leyes autonómicas	les lois pour l'autonomie
la querella lingüística	la querelle linguistique
la normalización lingüística	la normalisation linguistique
el bilingüismo	le bilinguisme
la Junta	le gouvernement autonome
el presidente de la Junta	le chef du gouvernement autonome
la provincia	le département
el Gobernador Civil	le Préfet
un concejal	un conseiller
el delegado del Gobierno	l'envoyé du Gouvernement
el sentimiento de peculiaridad	le sentiment de différence
el hecho diferencial	le fait différentiel
el sentimiento regionalista	le sentiment régionaliste

EL MUNICIPIO — LA MUNICIPALITÉ

el alcalde	le maire
la corporación municipal	le conseil municipal

Vocabulaire spécialisé

constitucional	constitutionnel
gubernamental	gouvernemental
provincial	provincial
regional	régional
estable	stable
inestable	instable
pacífico	pacifique
demagogo	démagogue
popular	populaire
la demagogia	la démagogie
la popularidad	la popularité
el carisma	le charisme
la supremacía	la suprématie
elegir	élire
derrocar	renverser
desbancar	évincer
destronar	détrôner
disolver	dissoudre
sustituir	remplacer
suplir	suppléer
rechazar	repousser
negar	refuser
dimitir	donner sa démission
aplazar	retarder
promover	promouvoir
oprimir	opprimer
encabezar	mener
regir	régir
gestionar	gérer
respaldar	soutenir
la planificación	la planification
una medida drástica	une mesure drastique
las medidas de saneamiento	les mesures d'assainissement
la política presupuestaria	la politique budgétaire
la política salarial	la politique salariale
la política fiscal	la politique fiscale
el bloqueo	le blocus
el embargo	l'embargo

LOS PARTIDOS, LAS IDEAS — LES PARTIS, LES IDÉES

un militante	un militant
marxista	marxiste
socialista	socialiste
comunista	communiste
nacionalista	nationaliste
separatista	séparatiste
independentista	indépendantiste
fascista	fasciste
capitalista	capitaliste
liberal	libéral
neoliberal	néo-libéral
conservador	conservateur
reformista	réformiste
de derechas	de droite
de izquierdas	de gauche
izquierdista	gauchiste
anarquista	anarchiste
opositor al régimen	opposant au régime
la ultraderecha	l'extrême droite
republicano	républicain
monárquico	monarchiste
utopista	utopiste
utópico	utopique
los yuppies	les jeunes loups
los progres	les progressistes
derrotista	défaitiste
el derrotismo	le défaitisme
el triunfalismo	le triomphalisme
europeísta	partisan de l'Europe
euroescéptico	sceptique
la ideología	l'idéologie
la pertenencia	l'appartenance
la adhesión	l'adhésion
adherirse	adhérer
sindicalista	syndicaliste
partidario	partisan
patriota	cocardier
chauvinista	chauvin
sectario	sectaire
el congreso de un partido	le congrès d'un parti
una consigna	une consigne
la masonería	la franc-maçonnerie
un masón	un franc-maçon

LAS RELACIONES POLÍTICAS — LES RELATIONS POLITIQUES

una discrepancia	un désaccord
discrepar	différer
un acuerdo	un accord
un pacto	un pacte
un convenio	un arrangement
ponerse de acuerdo	se mettre d'accord
firmar	signer
comprometerse	s'engager
ceder terreno	céder du terrain
el ultimátum	l'ultimatum
la intransigencia	l'intransigeance
la apertura	l'ouverture
la persecución	la poursuite
admitir	admettre
renunciar	renoncer
una manifestación	une manifestation
manifestarse	manifester
un movimiento huelguístico	un mouvement de grève
una coalición	une coalition
un complot	un complot
una rebelión	une rébellion
una rebeldía	une rébellion
una revuelta	une révolte
una intentona golpista	une tentative de coup d'État
la polémica	la polémique
un debate	un débat
una mesa redonda	une table ronde
un discurso	un discours
un orador	un orateur
exaltar	exalter
animar	encourager
propugnar	défendre, lutter pour
una octavilla	un tract

LA CORRUPCIÓN — LA CORRUPTION

un caso	une affaire
un escándalo	un scandale
corrompido	corrompu
corrupto	corrompu
la financiación	le financement
el seguidismo	le soutien inconditionnel
un chanchullo	une combine
el amiguismo	le copinage
los "nietísimos"	les petits amis
el ansia de poder	la soif de pouvoir
la acumulación	le cumul
forrarse	s'en mettre plein les poches

LAS RELACIONES INTERNACIONALES — LES RELATIONS INTERNATIONALES

la diplomacia	la diplomatie
diplomático	diplomatique
un diplomático	un diplomate
el embajador	l'ambassadeur
la embajada	l'ambassade
el agregado cultural	l'attaché culturel
el consulado	le consulat
el eurodiputado	le député européen
una superpotencia	une grande puissance
una alianza	une alliance
la injerencia	l'ingérence
injerirse	s'ingérer
inmiscuirse	se mêler
espiar	espionner
un espía	un espion
el espionaje	l'espionnage
el telón de acero	le rideau de fer
los Quince	les Quinze
la UE	l'Union Européenne
el Parlamento Europeo	le Parlement Européen
la Comisión Europea	la Commission Européenne
la PAC (Política Agrícola Común)	la PAC (Politique Agricole Commune)
el eje Norte-Sur	l'axe Nord-Sud
el Tercer Mundo	le Tiers Monde
la deuda externa	la dette extérieure
la inflación	l'inflation
endeudarse	s'endetter
los tipos de interés	les taux d'intérêt
el portavoz	le porte-parole
el país galo	notre voisin, la France

Expressions et phrases

estar a favor de las reformas	être favorable aux réformes
estar en contra	être contre
El debate está servido.	Le débat est ouvert.
Era el candidato por Andalucía.	C'était le candidat de l'Andalousie.
desbloquear una situación	débloquer une situation
solventar un problema	régler un problème
cumplir con sus obligaciones	remplir ses obligations
estar a la altura de las circunstancias	être à la hauteur des circonstances
darse un baño de multitudes	prendre un bain de foule
desempeñar un papel protagonista	jouer un rôle de premier plan
¡No te llames a engaño!	Ne te laisse pas abuser !
A la fuerza ahorcan.	On est bien obligé se supporter
Sacó una victoria holgada.	Il a remporté une large victoire.
divide y vencerás	diviser pour régner
¡Medrados estamos!	Nous voilà dans de beaux draps !
Es el inquilino de la Moncloa.	C'est l'hôte de la Moncloa (le chef du gouvernement).
Fue elegido con un 60%.	Il a été élu avec 60 %.
Consiguió la mayoría.	Il a obtenu la majorité.
Fue un fracaso rotundo.	Ce fut un échec retentissant.
Fue lo que prendió la mecha de la guerra.	C'est ce qui a mis le feu aux poudres.

14. LOS PAÍSES — LES PAYS

Vocabulaire général

el mundo	le monde
el universo	l'univers
el globo terráqueo	le globe terrestre
el hemisferio	l'hémisphère
el polo	le pôle
un continente	un continent
un país	un pays
un territorio	un territoire
una nación	une nation
una tribu	une tribu
nacional	national
la bandera	le drapeau
los colores	les couleurs
nativo	natif
natal	natal
indígena	indigène
autóctono	autochtone
étnico	ethnique
la madre patria	la mère patrie
apátrida	apatride
las fronteras	les frontières
fronterizo	frontalier
un área	une aire, une zone
un bloque	un bloc
Norte-Sur	Nord-Sud
norteño	du Nord
nórdico	nordique
sureño	du Sud
Occidente	l'Occident
Oriente	l'Orient
Extremo Oriente	l'Extrême-Orient
occidental	occidental

oriental	oriental	**mulato**	mulâtre
internacional	international	**árabe**	arabe
blanco	blanc	**un mosaico de pueblos**	une mosaïque de peuples
negro	noir		
mestizo	métis		

LOS CONTINENTES — LES CONTINENTS

Europa	l'Europe	**África**	l'Afrique
América	l'Amérique	**Oceanía**	l'Océanie
Asia	l'Asie	**La Antártida**	l'Antartique

EUROPA — L'EUROPE

Francia	la France	**Albania**	l'Albanie
Inglaterra	l'Angleterre	**Escocia**	l'Ecosse
Alemania	l'Allemagne	**Irlanda**	l'Irlande
España	l'Espagne	**Bélgica**	la Belgique
Andorra	l'Andorre	**Luxemburgo**	le Luxembourg
Italia	l'Italie	**Holanda**	la Hollande
Grecia	la Grèce	**La Antigua Yugoslavia**	l'ex Yougoslavie
Turquía	la Turquie	**Serbia**	la Serbie
Portugal	le Portugal	**Croacia**	la Croatie
Suiza	la Suisse	**Montenegro**	le Monténégro
Suecia	la Suède	**Macedonia**	la Macédoine
Noruega	la Norvège	**Bosnia**	la Bosnie
Dinamarca	le Danemark	**Eslovania**	la Slovénie
Finlandia	la Finlande	**Hungría**	la Hongrie
Polonia	la Pologne	**La República Checa**	la République Tchèque
La C.E.I.	la C.E.I.	**Eslovaquia**	la Slovaquie
Austria	l'Autriche		
Rumanía	la Roumanie		
Bulgaria	la Bulgarie		

LOS GENTILICIOS — LES NOMS DE NATIONALITÉS

francés	Français	**austríaco**	Autrichien
inglés	Anglais	**rumano**	Roumain
alemán	Allemand	**búlgaro**	Bulgare
español	Espagnol	**albanés**	Albanais
andorrano	Andorran	**escosés**	Ecossais
italiano	Italien	**irlandés**	Irlandais
griego	Grec	**belga**	Belge
turco	Turc	**luxemburgués**	Luxembourgeois
portugués	Portugais	**holandés**	Hollandais
suizo	Suisse	**serbio**	Serbe
sueco	Suédois	**croata**	Croate
noruego	Norvégien	**bosnio**	Bosniaque
danés	Danois	**esloveno**	Slovène
finlandés	Finlandais	**húngaro**	Hongrois
polaco	Polonais	**checo**	Tchèque

Expressions et phrases

la Europa del Este	l'Europe de l'Est
la España del sur	l'Espagne du sud
el África negra	l'Afrique noire
la Francia de hoy	la France d'aujourd'hui
el Asia central	l'Asie centrale
la América de habla española	l'Amérique de langue espagnole

AMÉRICA — L'AMÉRIQUE

americano	américain
norteamericano	nord américain
EE UU (Estados Unidos)	Les États-Unis
Canadá	le Canada
México	le Mexique
América central	l'Amérique centrale
Mesoamérica	l'Amérique centrale
Guatemala	le Guatemala
Honduras	le Honduras
Nicaragua	le Nicaragua
El Salvador	le Salvador
Panamá	Panama
Cuba	Cuba
Costa Rica	Costa Rica
Puerto Rico	Porto Rico
Haití	Haïti
Santo Domingo	Saint-Domingue
América del Sur	l'Amérique du sud
Venezuela	le Venezuela
Colombia	la Colombie
Brasil	le Brésil
Bolivia	la Bolivie
Ecuador	l'Équateur
Perú	le Pérou
Chile	le Chili
Argentina	l'Argentine
Paraguay	le Paraguay
Uruguay	l'Uruguay
Guayana	la Guyane
estadounidense	des États-Unis
canadiense	Canadien
mexicano	Mexicain
guatemalteco	Guatémaltèque
hondureño	Hondurien
nicaragüense	Nicaraguayen
salvadoreño	Salvadorien
panameño	Panaméen
costarricense	Costaricien
cubano	Cubain
puertorriqueño	Portoricain
haitiano	Haïtien
venezolano	Vénézuélien
colombiano	Colombien
brasileño	Brésilien
ecuatoriano	Équatorien
peruano	Péruvien
chileno	Chilien
argentino	Argentin
paraguayo	Paraguayen
uruguayo	Uruguayen

ÁFRICA — L'AFRIQUE

africano	africain
Argelia	l'Algérie
Marruecos	le Maroc
Túnez	la Tunisie
el Sahara	le Sahara
Senegal	le Sénégal
Costa de Marfil	la Côte d'Ivoire
Chad	le Tchad
Etiopía	l'Éthiopie
Eritrea	l'Érythrée
Egipto	l'Égypte
Rwanda	le Ruanda
Zaire	le Zaïre
Guinea Ecuatorial	la Guinée Équatoriale
Camerún	le Cameroun
Libia	la Libye
Mauritania	la Mauritanie
Liberia	le Liberia
Sudán	le Soudan
Tanzania	la Tanzanie
Somalia	la Somalie
Kenia	le Kenya
Sudáfrica	l'Afrique du Sud
magrebí (magrebíes)	maghrébin
argelino	Algérien
marroquí (marroquíes)	Marocain

tunecino	Tunisien	**etíope**	Éthiopien
saharaouí	Saharien	**eritreano**	Érythréen
senegalés	Sénégalais	**egipcio**	Égyptien
marfileño	Ivoirien	**rwandés**	Ruandais
chadeano	Tchadien	**ecuatoguineano**	équato-guinéen

ASIA — L'ASIE

asiático	asiatique	**Nueva Zelanda**	la Nouvelle Zélande
la China	la Chine	**chino**	Chinois
Japón	le Japon	**japonés**	Japonais
Corea del Norte	la Corée du Nord	**norcoreano**	Nord coréen
Corea del Sur	la Corée du Sud	**surcoreano**	Sud coréen
Paquistán	le Pakistan	**pakistaní (pakistaníes)**	Pakistanais
la India	l'Inde		
Afganistán	l'Afghanistan	**indio**	Indien
Camboya	le Cambodge	**afgano**	Afghan
Tailandia	la Thaïlande	**camboyano**	Cambodgien
Birmania	la Birmanie	**birmano**	Birman
Malasia	la Malaisie	**malayo**	Malais
Filipinas	les Philippines	**filipino**	Philippin
Indonesia	l'Indonésie	**indonesio**	Indonésien
Australia	l'Australie	**australiano**	Australien

ORIENTE MEDIO — LE MOYEN-ORIENT

Los Emiratos Árabes Unidos	Les Émirats Arabes Unis	**Israel**	Israël
		saudí (saudíes)	Saoudien
Arabia Saudí	l'Arabie Saoudite	**kurdo**	Kurde
Kurdistán	le Kurdistan	**iraquí (iraquíes)**	Irakien
Irak	l'Irak	**iraní (iraníes)**	Iranien
Irán	l'Iran	**kuwaití**	Koweïtien
Kuwait	le Koweït	**sirio**	Syrien
Siria	la Syrie	**libanés**	Libanais
Líbano	le Liban	**israelí (israelíes)**	Israélien
Jordania	la Jordanie		

Vocabulaire spécialisé

LOS IDIOMAS — LES LANGUES

el vascuence	le basque	**hispanófono**	hispanophone
el bable	le dialecte asturien	**hispanohablante**	hispanophone
el gallego	le galicien	**anglófono**	anglophone
el catalán	le catalan	**germanófono**	germanophone
el hebreo	l'hébreu	**la francofobia**	la francophobie
francófono	francophone	**la anglofobia**	l'anglophobie

Expressions et phrases

hacer el sueco	faire le sourd
despedirse a la francesa	filer à l'anglaise
hacer el indio	faire l'idiot
No hay moros en la costa.	Rien à signaler.
Es un cuento chino.	C'est une histoire à dormir debout.
una ducha finlandesa	une douche écossaise
un odio africano	une haine viscérale
Ojos que te vieron paloma turca.	Ni vu ni connu !

15. LA HISTORIA — L'HISTOIRE

Vocabulaire général

una era	une ère
una época	une époque
un periodo	une période
un milenio	un millénaire
un siglo	un siècle
un decenio	une décennie
una década	une décade
reciente	récent
milenario	millénaire
secular	séculaire
antiguo	ancien
moderno	moderne
lejano	lointain
remoto	très lointain

Vocabulaire spécialisé

a principios de	au début de
a comienzos de	au début de
en vísperas de	à la veille de
en lo que va de siglo	depuis le début du siècle
en lo que queda de año	d'ici la fin de l'année
a mediados de	vers la moitié de
a finales de	à la fin de
a fines de	à la fin de
por estas fechas	vers cette époque
a estas alturas	à ce moment
bajo el reinado de los RR CC (Reyes Católicos)	sous le règne des Rois Catholiques
a la altura del mes de noviembre	vers le mois de novembre
hace diez años	il y a dix ans
en aquel entonces	à cette époque-là
antaño	autrefois
hogaño	aujourd'hui
en los años venideros	dans les années à venir

LAS GRANDES ETAPAS — LES GRANDES ÉTAPES

la Prehistoria	la Préhistoire
prehistórico	préhistorique
primitivo	primitif
la Antigüedad	l'Antiquité

la Alta Edad Media	le Haut Moyen Âge	**las guerras de Independencia**	les guerres d'Indépendance
medieval	médiéval	**las guerra cicil**	la guerre civile
feudal	féodal	**la subida del fascismo**	la montée du fascisme
el Renacimiento	la Renaissance	**la guerra mundial**	la guerre mondiale
el Siglo de Oro	le Siècle d'Or	**un campo de concentración**	un camp de concentration
el Barroco	l'époque baroque	**el genocidio**	le génocide
el Siglo de las Luces	le Siècle des Lumières	**la posguerra**	l'après-guerre
un monarca ilustrado	un monarque éclairé	**la descolonización**	la décolonisation

LOS HECHOS — LES FAITS

un acontecimiento	un événement
un hecho relevante	un fait remarquable
la fecha	la date
ocurrir	se produire
suceder	survenir
transcurrir	se dérouler
verificarse	avoir lieu
un cambio	un changement
un trastorno	un bouleversement
una evolución	une évolution
el progreso	le progrès
un avance	une progression
una revolución	une révolution
un agitador	un agitateur
el declive	le déclin
el decaimiento	la décadence
la decadencia	la décadence
oprimir	opprimer
la opresión	l'oppression
una guerra de sucesión	une guerre de succession
las guerras carlistas	les guerres carlistes
la restauración	la restauration
la reacción	la réaction
unas luchas fratricidas	des luttes fratricides
una tregua	une trêve
un tratado	un traité
una alianza	une alliance
la Santa Alianza	la Sainte Alliance
la amnistía	l'amnistie
el destierro	l'exil
el exilio	l'exil
el perdón	le pardon
un conflicto	un conflit
el enfrentamiento	l'affrontement
la guerra fría	la guerre froide
la distensión	la détente
el desarme	le désarmement
una invasión	une invasion
el soberano	le souverain
una conquista	une conquête
conquistar	conquérir
reconquistar	reconquérir
independizarse	s'émanciper
belicoso	belliqueux
cercar	assiéger
una matanza	un massacre
encarnizado	acharné
arrebatar	ravir
esclavizar	réduire en esclavage
un esclavo	un esclave
la esclavitud	l'esclavage
liberar	libérer
abolir	abolir
la abolición	l'abolition
redimir	racheter
rendirse	se rendre
la rendición	la reddition
la capitulación	la capitulation
aliarse	s'allier
pactar	pactiser
el botín de guerra	le butin
la victoria	la victoire
la derrota	la défaite
glorioso	glorieux
un maquis	un résistant, un maquisard
la clandestinidad	la clandestinité
la guerrilla	la guerrilla
el héroe	le héros
el predominio	la prédominance
el heroísmo	l'héroïsme
conquistador	conquérant
conquistado	conquis
colonizador	colonisateur
libertador	libérateur
el caudillo	le chef
el cabecilla	le chef
el jefe	le chef
la transición	la transition

EL ESTUDIO DE LA HISTORIA — L'ÉTUDE DE L'HISTOIRE

los vestigios	les vestiges
el rastro	la piste
las huellas	les traces
la investigación	l'investigation
la distancia	le recul
un historiador	un historien
histórico	historique
un comentarista	un commentateur
crónico	chronique
la crónica	la chronique
la genealogía	la généalogie
genealógico	généalogique
la búsqueda	la recherche
la objetividad	l'objectivité
la subjetividad	la subjectivité
un testigo	un témoin
un defensor	un défenseur
defender	défendre
cuestionar	remettre en question
borrar	effacer
la crítica	la critique
un vacío	un vide
continuo	continu
discontinuo	discontinu
una división de opiniones	une différence d'opinion
un testimonio	un témoignage
atestiguar	attester
el eterno retorno	l'éternel retour
la leyenda	la légende
legendario	légendaire
el mito	le mythe
mítico	mythique
desmitificar	démystifier
la epopeya	l'épopée
épico	épique
un enigma histórico	une énigme historique

Expressions et phrases

el inconsciente colectivo	l'inconscient collectif
Es un tema muy controvertido.	C'est un thème très controversé.
hacer época	faire date
¿Le absolvió la Historia?	L'Histoire l'a-t-elle acquitté ?
Será difícil investigar el pasado reciente.	Il doit être difficile de faire des recherches sur le passé récent.
La Historia se repite.	L'Histoire se répète.
Quedó vacante el trono.	Le trône est resté vacant.
A rey muerto, rey puesto.	Le roi est mort, vive le roi.
La expulsión de los judíos corresponde con la toma de Granada.	L'expulsion des juifs coïncide avec la prise de Grenade.
Cuando la invasión napoleónica, ciertos españoles eran afrancesados.	Au moment de l'invasion napoléonienne, certains Espagnols étaient favorables à la France.
Se organizó la resistencia.	La résistance s'organisa.
Se proclamó la República.	La République fut proclamée.
Estalló la guerra.	La guerre a éclaté.
hacer las paces	faire la paix
firmar las paces	signer la paix
El mundo y la Historia son dos pañuelos.	Le monde est petit.
recoger enseñanza y aportaciones de la Historia	tirer un enseignement positif de l'Histoire
heredar los grandes ideales humanistas	hériter des grands idéaux humanistes
Son lodos pasados.	C'est de l'histoire ancienne.
Así se escribe la Historia.	C'est ainsi qu'on écrit l'Histoire.

IV. LAS INSTITUCIONES

16. EL SISTEMA EDUCATIVO
LE SYSTÈME ÉDUCATIF

Vocabulaire général

la instrucción obligatoria	l'instruction obligatoire
la escuela	l'école
los estudios	les études
enseñar	enseigner
inculcar	inculquer
aprender	apprendre
estudiar	étudier
saber	savoir
el saber	le savoir
conocer	connaître
el conocimiento	la connaissance
la formación	la formation
analfabeto	analphabète
la alfabetización	l'alphabétisation
el abecedario	l'alphabet
inculto	inculte
ignorante	ignorant
culto	cultivé
sabio	savant
docto	docte
escolarizar	scolariser
mandar a la escuela	envoyer à l'école
la enseñanza estatal	l'enseignement d'État
la enseñanza privada	l'enseignement privé
la escuela de pago	l'école payante
la coeducación	la mixité

LAS ESCUELAS — LES ÉCOLES

el jardín de niños	la maternelle
el parvulario	la maternelle
el párvulo	le jeune élève
el ciclo preescolar	le cycle préélémentaire
la enseñanza primaria	l'enseignement primaire
el colegio	le collège
un alumno	un élève
un discípulo	un élève
la enseñanza secundaria	l'enseignement secondaire
ESO (Enseñanza Secundaria Obligatoria)	Enseignement Secondaire Obligatoire
EGB (Enseñanza General Básica)	le premier cycle du collège
BUP (Bachillerato Unificado Polivalente)	le deuxième cycle du lycée
COU (Curso de Orientación Profesional)	classe terminale
una academia de idiomas	une école de langues
un instituto	un lycée
un liceo	un établissement privé
un instituto de formación profesional	un lycée technique
un aprendiz	un apprenti

LAS ASIGNATURAS — LES MATIÈRES

obligatoria	obligatoire	**coma**	virgule
optativa	facultative	**punto y coma**	point virgule
la literatura	la littérature	**entre comillas**	entre guillemets
la filosofía	la philosophie	**un párrafo**	un paragraphe
las matemáticas	les mathématiques	**el verbo**	le verbe
las mates	les maths	**un sustantivo**	un substantif
el cálculo	le calcul	**el adjetivo**	l'adjectif
la geometría	la géométrie	**el presente**	le présent
la aritmética	l'arithmétique	**el pretérito**	le passé
la álgebra	l'algèbre	**el imperfecto**	l'imparfait
un teorema	un théorème	**el futuro**	le futur
un corolario	un corollaire	**el indicativo**	l'indicatif
el francés	le français	**el subjuntivo**	le subjonctif
el latín	le latin	**el artículo**	l'article
el griego	le grec	**el demostrativo**	le démonstratif
la química	la chimie	**singular**	singulier
la física	la physique	**plural**	pluriel
la biología	la biologie	**la geografía**	la géographie
la economía	l'économie	**la historia**	l'histoire
los idiomas	les langues vivantes	**la gimnasia**	la gymnastique
la gramática	la grammaire	**el dibujo**	le dessin
el vocabulario	le vocabulaire	**la música**	la musique
el conjugo	la conjugaison	**el solfeo**	le solfège
un dictado	une dictée	**la cultura general**	la culture générale
la escritura	l'écriture		

EL AÑO ESCOLAR — L'ANNÉE SCOLAIRE

el curso lectivo	l'année scolaire	**mediopensionista**	demi-pensionnaire
matricularse	s'inscrire	**interno**	interne
reanudar	reprendre	**externo**	externe
la apertura de las clases	la rentrée	**asistir a clase**	assister au cours
una beca	une bourse	**hacer novillos**	faire l'école buissonnière
un becario	un boursier	**las fechas de evaluación**	les dates des contrôles
el horario	l'emploi du temps	**las fechas de reuniones**	les dates de réunions
la asiduidad	l'assiduité	**las vacaciones**	les vacances
el temario	les questions au programme		

EL ESTUDIO — L'ÉTUDE

aprender de memoria	apprendre par cœur	**repasar**	réviser
portarse bien	bien se tenir	**un repaso**	une révision
un palote	un bâton	**equivocarse**	se tromper
un garabato	un griffonnage	**escribir**	écrire
tartamudear	bredouiller	**apuntar**	noter
deletrear	épeler	**tomar apuntes**	prendre des notes
dar la lección	réciter	**dibujar**	dessiner
resumir	résumer	**trazar**	tracer
traducir	traduire	**pintar**	peindre
resolver	résoudre	**contar**	compter
ejercitarse	s'exercer	**calcular**	calculer
		entender	comprendre

comprender	comprendre	**pertinaz**	tenace
reflexionar	réfléchir	**reflexivo**	réfléchi
ahondar	approfondir	**irreflexivo**	irréfléchi
profundizar	approfondir	**intuitivo**	intuitif
pronunciar	prononcer	**ejemplar**	exemplaire
una pauta	un modèle	**las dotes**	les dons
asiduo	assidu	**el don de las lenguas**	le don des langues
atento	attentif	**bilingüe**	bilingue
estudioso	studieux	**los deberes**	les devoirs
instruido	instruit	**los adelantos**	les progrès
serio	sérieux	**una prueba**	un test
apto	apte	**una tarea escrita**	un travail écrit
concienzudo	consciencieux	**oral**	oral
listo	intelligent	**superdotado**	surdoué
vivo	vif		

Expressions et phrases

sacar buenas notas	obtenir de bonnes notes
Se sabe las cuatro reglas : sumar, restar, dividir y multiplicar.	Il sait compter : additionner, soustraire, diviser et multiplier.
aprender de corrido	apprendre par cœur
saber al dedillo	savoir sur le bout du doigt
A ti te toca contestar.	C'est à toi de répondre.
No es ningún tonto.	Il n'est pas bête du tout.
Entiende de geografía.	Il s'y connaît en géographie.
Chapurrea el inglés.	Il baragouine l'anglais.
La lengua es vehículo de toda cultura.	La langue est le véhicule de toute culture.
Habla con soltura.	Il parle avec aisance.
No presta atención a sus explicaciones.	Il ne fait pas attention à ses explications.
Apenas han pisado las aulas.	Ils sont à peine allés à l'école.
¡Y dale!	Et encore une fois !

EL CUERPO DOCENTE — LE CORPS ENSEIGNANT

el maestro	le maître	**guiar**	guider
el profesor	le professeur	**animar**	encourager
un profesor seglar	un professeur laïc	**desanimar**	décourager
un funcionario	un fonctionnaire	**regañar**	réprimander
el reclutamiento	le recrutement	**castigar**	punir
el pedagogo	le pédagogue	**premiar**	récompenser
la pedagogía	la pédagogie	**aconsejar**	conseiller
el tutor	le professeur principal	**transmitir**	transmettre
la tutoría	le tutorat	**una advertencia**	un avertissement
el profe	le prof	**la nota**	la note
el director	le directeur	**el claustro**	le conseil de classe
explicar	expliquer	**la disciplina férrea**	la discipline de fer
rectificar	rectifier	**permisivo**	permissif
corregir	corriger	**comprensivo**	compréhensif
interrogar	interroger	**la Asociación de Padres de Alumnos**	l'Association de Parents d'Élèves
vigilar	surveiller		

Expressions et phrases

La LOGSE (Ley Orgánica de Orientación General del Sistema Educativo)	Loi d'Orientation de l'Enseignement
La letra con sangre entra.	C'est en forgeant qu'on devient forgeron.
Explíquemelo, por favor.	Expliquez-le-moi, s'il vous plaît.
Te lo repetiré hasta que entiendas.	Je te le répéterai jusqu'à ce que tu comprennes.
adiestrar en tener buena letra	exercer à l'écriture
Le pone en guardia.	Il le met en garde.

LOS LOCALES — LES LOCAUX

un centro docente	un établissement scolaire
el aula (las aulas)	la salle de classe
el laboratorio de idiomas	le laboratoire de langues
el estrado	l'estrade
la tarima	l'estrade
la pizarra	le tableau noir
el encerado	le tableau
la esponja	l'éponge
la biblioteca	la bibliothèque
el taller	l'atelier
el gimnasio	le gymnase
el comedor	le réfectoire
el patio de recreo	la cour de récréation
la sala de profesores	la salle des professeurs
el despacho del director	le bureau du directeur
el salón de actos	la salle de réunion

EL MATERIAL — LE MATÉRIEL

un libro	un livre
un cuaderno	un cahier
un bolígrafo	un stylo à bille
la pluma	le stylo
la tinta	l'encre
la carga de tinta	la recharge
el rotulador	le feutre
el lápiz	le crayon
el pincel	le pinceau
la regla	la règle
la goma de borrar	la gomme
la tiza	la craie
un atlas	un atlas
un diccionario	un dictionnaire
un libro de textos	un manuel scolaire
el cartapacio	le cartable
el portafolio	le porte-documents
el borrador	le brouillon
la pegatina	l'autocollant
las chinchetas	les punaises
el pegamento	la colle
un magnetófono	un magnétophone
un vídeo	une cassette vidéo
un casete	une cassette
la pantalla	l'écran
la grabación	l'enregistrement
un documento	un document
un mapa	une carte de géographie
un artículo	un article de presse
un trozo escogido	un morceau choisi

LOS EXÁMENES — LES EXAMENS

un examen	un examen
una convocatoria	une convocation
aprobar	être reçu
estar suspendido	être recalé
graduarse	obtenir un diplôme
un empollón	un bûcheur
el examinador	l'examinateur
una oposición	un concours
el baremo	le barème
la papeleta de examen	le diplôme
el bachillerato	le baccalauréat
flojo	faible
regular	moyen
mediano	médiocre
insuficiente	insuffisant
ilegible	illisible
notable	assez bien

sobresaliente	très bien	**la selección**	la sélection

LOS PROBLEMAS ESCOLARES		LES PROBLÈMES SCOLAIRES	
distraído	distrait	**el absenteísmo**	l'absentéisme
perezoso	paresseux	**las lagunas**	les lacunes
charlatán	bavard	**el abucheo**	le chahut
tonto	sot	**el fracaso**	l'échec
lento	lent	**la repetición de curso**	le redoublement
descuidado	négligent	**la violencia**	la violence
alborotador	turbulent	**las faltas de asistencia**	les absences
malhablado	effronté	**una chuleta**	une antisèche
soplón	mouchard		
soplar	souffler		
apuntar	souffler		

Expressions et phrases

ser duro de mollera	avoir la tête dure
traer una asignatura pendiente	devoir repasser une matière
Siempre le lleva la contraria.	Il dit toujours le contraire de ce qu'on lui dit.
No promociona.	Il ne passe pas dans la classe supérieure.
Siempre llega con retraso.	Elle arrive toujours en retard.
Está en el furgón de cola.	Elle est dans le wagon de queue.
Más vale tarde que nunca.	Mieux vaut tard que jamais.
Se ha quedado en el tintero.	Il a oublié ce qu'il voulait dire.
Por probar que no quede.	On ne perd rien à essayer.

17. LA UNIVERSIDAD — L'UNIVERSITÉ

Vocabulaire général

la enseñanza superior	l'enseignement supérieur	**la facultad**	la faculté
el primer ciclo	le premier cycle	**la carrera**	les études
el segundo ciclo	le deuxième cycle	**las actividades electivas**	les options
el tercer ciclo	le troisième cycle	**la salida**	le débouché
un estudiante	un étudiant	**licenciarse**	obtenir la licence
estudiantil	des étudiants	**titularse**	obtenir un diplôme
un catedrático	un professeur d'université	**el rector**	le recteur
una cátedra	une chaire	**el examen parcial**	le partiel
los universitarios	les universitaires	**el examen eliminatorio**	l'examen éliminatoire

el examen final	l'examen de fin d'année	**el doctorado**	le doctorat
la licenciatura	la licence	**el conferenciante**	le conférencier
licenciado	licencié	**un ponente**	un intervenant
la tesina	le mémoire	**una ponencia**	un exposé
la tesis	la thèse	**la convalidación**	l'équivalence

LAS UNIVERSIDADES — LES UNIVERSITÉS

Los Colegios universitarios	Les Collèges universitaires
La Universidad Politécnica	L'Université Polytechnique de Madrid
La Facultad de Medicina	La Faculté de Médecine
El Conservatorio	Le Conservatoire
Las Escuelas Superiores	Les Écoles Supérieures
el Campus	le Campus

LOS ESTUDIOS — LES ÉTUDES

la prueba de acceso	l'examen d'entrée	**Perito**	les études de technicien
la Selectividad	l'examen d'entrée	**Ciencias de la Naturaleza**	les Sciences de la Nature
Letras	les Lettres	**Económicas**	l'économie
Filosofía y Letras	la Philosophie	**Química**	la Chimie
Lingüística	la Linguistique	**Física**	la Physique
Ética	l'Éthique	**Ingeniería**	les études d'ingénieur
Bellas Artes	les Beaux Arts		
Arquitectura	l'Architecture		

EL ESTUDIANTE — L'ÉTUDIANT

el razonamiento	le raisonnement	**la concentración**	la concentration
razonar	raisonner	**la abstracción**	l'abstraction
el pensamiento	la pensée	**el discernimiento**	le discernement
el método	la méthode	**un comentario**	un commentaire
la teoría	la théorie	**un cursillo**	un stage
analítico	analytique	**las prácticas**	le stage
sintético	synthétique	**una pasantía**	un stage
la pericia	la pratique	**el semestre**	le semestre
la impericia	le manque de pratique	**el trimestre**	le trimestre

Expressions et phrases

conferir grados y licencias	attribuer diplômes et licences
las pruebas de reválida	les épreuves de rattrapage
el sistema de evaluación	le système de notation
los criterios de valoración	les critères d'évaluation
simultanear estudios	suivre un double cursus
la autonomía de las Universidades	l'autonomie des Universités
Se imparte la clase en el paraninfo.	Le cours a lieu dans le grand amphithéâtre.
Estudia para médico.	Il fait des études de Médecine.
Es graduado por la Universidad de Madrid.	Il est diplômé de l'Université de Madrid.

Cursa estudios de Derecho.	Il suit des études de Droit.
Estudia para perito agrícola.	Il veut être agronome.
Se licenció en leyes.	Il a passé sa licence de droit.
Es todo un intelectual.	C'est le parfait intellectuel.

18. LA JUSTICIA. LA POLICÍA
LA JUSTICE. LA POLICE

Vocabulaire général

la ley	la loi	**legítimo**	légitime
la ley vigente	la loi en vigueur	**ilegítimo**	illégitime
el código	le code	**lícito**	licite
el Código Penal	le Code Pénal	**ilícito**	illicite
el Código Civil	le Code Civil	**la legalidad**	la légalité
la reglamentación	la réglementation	**la ilegalidad**	l'illégalité
el rigor	la rigueur	**la legitimidad**	la légitimité
la rigidez	la rigidité	**el bien público**	le bien public
la flexibilidad	la souplesse	**el derecho**	le droit
jurídico	juridique	**el fuero**	le privilège régional
legal	légal	**el derecho foral**	le droit régional
ilegal	illégal	**el forense**	le légiste

LOS MAGISTRADOS — LES MAGISTRATS

la magistratura	la magistrature	**el tribunal**	le tribunal
la judicatura	la magistrature	**los jurados**	les jurés
la fiscalía	le parquet	**El Tribunal Supremo**	La Cour de Cassation
un letrado	un homme de loi	**La Audiencia Nacional**	La Cour d'Assise
el juez	le juge	**La Audiencia Provincial**	Le Tribunal de Grande Instance
el juez de menores	le juge pour enfants	**El Tribunal Superior de Justicia**	La Cour d'Appel
un jurista	un juriste	**La Magistratura del Trabajo**	Le Conseil de Prud'hommes
el legislador	le législateur	**El Tribunal Constitucional**	Le Tribunal, ou Conseil, constitutionnel
el abogado	l'avocat		
el notario	le notaire		
el escribano	le greffier		
el fiscal	le procureur		
el sustituto	le substitut		
los juzgados	le tribunal		

Expressions et phrases

Ordenamos que se haga.	Nous ordonnons de faire.
Rogamos respeten las instrucciones.	Nous vous prions de respecter les instructions.
Sírvase acudir al responsable.	Veuillez vous adresser au responsable.
Hay que atenerse a la legalidad.	Il faut s'en tenir à la légalité.

EL FUNCIONAMIENTO DE LA JUSTICIA — LE FONCTIONNEMENT DE LA JUSTICE

las diligencias	les démarches	**el proceso**	le procès
la acusación	l'accusation	**el pleito**	le procès
las partes	les parties	**los atenuantes**	les circonstances atténuantes
un litigio	un litige		
el peritaje	l'expertise	**la barra**	la barre
un testigo presencial	un témoin oculaire	**un debate**	un débat
		el fallo	le jugement
las pesquisas	les perquisitions	**el informe**	le rapport
el sumario	l'instruction	**el dictamen (dictámenes)**	la décision
instruir	instruire		
complicar	impliquer	**en suspenso**	avec sursis
un expediente	une affaire	**el culpable**	le coupable
un legajo	un dossier	**la sentencia**	la sentence
el acta (las actas)	le procès verbal	**el veredicto**	le verdict
el juicio	le jugement	**inculpar**	inculper

Expressions et phrases

caer en desuso	tomber en désuétude
el vacío legal	le vide juridique
con todas las de la ley	en toute légalité
tener el derecho de expresarse	avoir droit à la parole
tener derecho a explicarse	avoir le droit de s'expliquer
Requiere una legislación particular.	Cela demande une législation spéciale.
Sea lo que fuere debe obedecer.	Quoi qu'il en soit, il devra obéir.
abrir un sumario	ouvrir une instruction
Lo de la pena de muerte es un peliagudo asunto.	Le problème de la peine de mort est une question délicate.

LAS INFRACCIONES — LES INFRACTIONS

infringir	enfreindre	**ofender**	offenser
conculcar	violer	**un agravio**	un outrage
vulnerar	violer	**una agresión**	une agression
un delito menor	un délit mineur	**un robo**	un vol
un delito mayor	un délit majeur	**una estafa**	une escroquerie
el infractor	le contrevenant	**el fraude**	la fraude
un abuso	un abus	**defraudar**	léser
un incidente	un incident	**la extorsión**	l'extorsion de fonds
una afrenta	un affront	**el chantaje**	le chantage

el chantajista	le maître chanteur
el falso testimonio	le faux témoignage
un crimen (crímenes)	un crime
un asesinato	un assassinat
un homicidio	un homicide
el asesino	l'assassin
un delito de sangre	un crime
el criminal	le criminel
la víctima	la victime
un bandido	un bandit
un salteador	un bandit de grand chemin
un golfo	un voyou
el sabotaje	le sabotage
el tráfico	le trafic
malvado	malveillant
un comando terrorista	un commando terroriste
la violación de los derechos humanos	la violation des droits de l'homme
la denuncia	la plainte
la queja	la plainte
delatar	dénoncer

EL PROCESO — LE PROCÈS

encausar	mettre en accusation
una coartada	un alibi
una pena	une peine
une multa	une amende
la prisión preventiva	la garde à vue
la condena	la condamnation
el alegato	le plaidoyer
el procesado	l'inculpé
encarcelar	mettre en prison
excarcelar	remettre en liberté
la cárcel	la prison
la prisión	la prison
la celda	la cellule
el calabozo	le cachot
el preso	le prisonnier
el prisionero	le prisonnier
el locutorio	le parloir
el acusado	l'accusé
el presunto responsable	le suspect
el condenado	le condamné
el reo	le condamné
la ejecución	l'exécution
el patíbulo	l'échafaud
la silla eléctrica	la chaise électrique
reprimir	réprimer
escarmentar	s'amender
un escarmiento	une leçon
la benevolencia	la bienveillance
ecuánime	impartial
la clemencia	la clémence
el indulto	la grâce

Expressions et phrases

Lo cogieron in fraganti.	On l'a surpris en flagrant délit.
Está a la espera del juicio.	Il est en attente de jugement.
Le culparon de robo.	On l'a accusé de vol.
Le asestó una puñalada.	Il lui a asséné un coup de poignard.
No tiene enmienda.	Il ne change pas.
El que la hace la paga.	C'est bien fait pour lui.
La cosa no pasó a mayores.	Les choses ne sont pas allées plus loin.
estar en capilla	être sur des charbons ardents

LA POLICÍA — LA POLICE

el orden (órdenes)	l'ordre
los encargados del orden	les forces de l'ordre
un policía	un policier
la Comisaría	le Commissariat
el Comisario	le Commissaire
un inspector	un inspecteur
un puesto de la guardia civil	un poste de police
la Guardia Civil	la Garde Civile
un guardia municipal	un sergent de ville

la Ertzaintza	la Police Basque	**detener**	arrêter
los Mossos d'Escuadra	les Policiers Catalans	**arrestar**	arrêter
		las esposas	les menottes
custodiar	protéger	**registrar**	fouiller (un local)
vigilar	surveiller	**cachear**	fouiller (quelqu'un)
mantener el orden	maintenir l'ordre	**la detención**	la garde à vue
disuasorio	dissuasif	**una redada**	un coup de filet
regular	régler	**un artefacto**	un engin
interrogar	interroger	**un cochebomba**	une voiture piégée

Expressions et phrases

Registraron la casa.	Ils ont fouillé la maison.
No hallaron el menor rastro.	Ils n'ont pas trouvé la moindre trace.
en defensa propia	en état de légitime défense
Le impusieron una cuantiosa multa.	On lui a infligé une solide amende.
Habría que poner coto a ese tráfico.	Il faudrait mettre un terme à ce trafic.
¡ En qué lío se ha metido !	Dans quel pétrin il s'est fourré !
Está fichado.	Il est fiché.
La policía echó el cierre al local.	La police a fermé le local.
Todo cuidado es poco.	On n'est jamais trop prudent.

19. EL EJÉRCITO — L'ARMÉE

Vocabulaire général

Las Fuerzas Armadas (FF AA)	Les Forces Armées	**la tropa**	la troupe
		el servicio militar	le service militaire
militar	militaire	**la milicia (la mili)**	le service militaire
militarista	militariste	**el servicio social**	le service social
un soldado	un soldat	**obedecer**	obéir
el armamento	l'armement	**la disciplina**	la discipline
el mando	le commandement	**el combate**	le combat
mandar	commander	**el enemigo**	l'ennemi
la defensa	la défense	**el contrincante**	le combattant
defensivo	défensif	**hostil**	hostile
ofensivo	offensif	**la neutralidad**	la neutralité
la marina	la marine	**neutro**	neutre
un militar profesional	un militaire professionnel	**neutral**	neutre
		el valor	le courage
un oficial	un officier	**la cobardía**	la lâcheté

Expressions et phrases

ingresar filas	s'engager
alistarse	s'engager
cumplir la mili	faire son service
negarse a cumplir	refuser de faire son service
incorporar filas	partir au régiment
pedir une prórroga	demander un sursis
vestir de paisano	être en civil

LA JERARQUÍA — LA HIÉRARCHIE

un grado	un grade
la graduación	le grade
un soldado raso	un simple soldat
el recluta	la recrue
el voluntario	le volontaire
la quinta	la classe
un sargento	un sergent
el cabo	le caporal
el brigadier	le brigadier
el suboficial	le sous-officier
el alférez	le sous-lieutenant
el lugarteniente	le lieutenant
el coronel	le colonel
el general	le général
el mariscal	le maréchal
el alto mando	le haut commandement
el estado mayor	l'état major
la junta militar	la junte militaire
la infantería	l'infanterie
la artillería	l'artillerie
la caballería	la cavalerie
la Armada	la Flotte
la Marina	la Marine
el almirante	l'amiral
las fuerzas aéreas	l'aviation
un piloto	un pilote
un caza	un pilote de chasse
un ejército profesional	une armée de métier
un oficial en la reserva	un officier de réserve

LAS ARMAS, EL COMBATE — LES ARMES, LE COMBAT

la fuerza de disuasión	la force de dissuasion
el fusil	le fusil
la carabina	la carabine
la metralleta	la mitraillette
la ametralladora	la mitrailleuse
un arma blanca	une arme blanche
el cañón (cañones)	le canon
la pistola	le pistolet
el proyectil	le projectile
las municiones	les munitions
el cartucho	la cartouche
la bala	la balle
la granada	la grenade
un obús (obuses)	un obus
el cohete	la fusée
un misil	un missile
un euromisil	un euromissile
el portaaviones	le porte avion
el helicóptero	l'hélicoptère
el bombardeo	le bombardier
el submarino	le sous-marin
un carro	un char
un vehículo blindado	un blindé
lo nuclear	le nucléaire
una prueba	un essai
las armas de destrucción masiva	les armes de destruction massive
las armas químicas	les armes chimiques
las armas biológicas	les armes biologiques
apuntar	viser
disparar	tirer
errar	rater
fusilar	fusiller
el tiroteo	la fusillade
el blanco	la cible
el alcance	la portée
pacifista	pacifiste
parapetarse	se protéger
destruir	détruire
diezmar	décimer
arrasar	dévaster

el pillaje	le pillage	**la estrategia**	la stratégie
el botín	le butin	**estratégico**	stratégique
hundir	couler	**un estratega**	un stratège
matar	tuer	**una emboscada**	une embuscade
el campo de batalla	le champ de bataille	**el frente**	le front
la trinchera	la tranchée	**el alto el fuego**	le cessez le feu
las fortificaciones	les fortifications	**la capitulación**	la capitulation
un blocao	un blockhaus	**las paces**	la paix
el hospital de sangre	l'hôpital de campagne	**el armisticio**	l'armistice

LA VIDA DEL SOLDADO — LA VIE DU SOLDAT

el cuartel	la caserne	**el mirador**	le mirador
la guarnición	la garnison	**la garita**	la guérite
el regimiento	le régiment	**la orden (órdenes)**	l'ordre
la compañía	la compagnie	**la contraorden**	le contrordre
el batallón	le bataillon	**la contraseña**	le mot de passe
la patrulla	la patrouille	**el casco**	le casque
el paracaídista	le parachutiste	**el quepis**	le képi
el cadete	l'élève officier	**la gorra**	la casquette
desfilar	défiler	**una condecoración**	une décoration
el desfile	le défilé	**un galardón**	une récompense
la bandera	le drapeau	**el ascenso**	la promotion
izar	hisser	**la desmovilización**	la démobilisation
el ejercicio	l'exercice	**el canuto**	la quille
la alerta	l'alerte		

Expressions et phrases

estar de guardia	être de garde
no bajar la guardia	rester vigilant
estar alerta	être en alerte
salir a la descubierta	partir en reconnaissance
cuadrarse	se mettre au garde à vous
¡A sus órdenes!	A vos ordres !
tocar diana	sonner le clairon
tocar a rebato	sonner le tocsin
estar de uniforme	être en uniforme
dar de baja	porter disparu
el delito de fuga	le délit de fuite
propagarse como un reguero de pólvora	se propager comme une traînée de poudre
estar emboscado	être en embuscade
acribillar a balazos	cribler de balles
Le declararon inútil en las quintas.	Il a été réformé.

LA OBJECIÓN DE CONCIENCIA — L'OBJECTION DE CONSCIENCE

un objetor	un objecteur	**ético**	éthique
una solicitud	une requête	**moral**	moral
un argumento filosófico	un motif philosophique	**religioso**	religieux
		rechazar	refuser

negarse a matar	refuser de tuer	**el desertor**	le déserteur
el servicio social	le service social	**el prófugo**	le déserteur, le réfractaire
el insumiso	l'insoumis		

20. LA RELIGIÓN — LA RELIGION

Vovabulaire général

creer	croire	**la doctrina**	la doctrine
una creencia	une croyance	**doctrinal**	doctrinal
creyente	croyant	**un dios**	un dieu
religioso	religieux	**una diosa**	une déesse
antirreligioso	antireligieux	**la divinidad**	la divinité
místico	mystique	**divino**	divin
fanático	fanatique	**celestial**	céleste
la fe	la foi	**sagrado**	sacré
la veneración	la vénération	**un hereje**	un hérétique
la adoración	l'adoration	**herético**	hérétique
la contemplación	la contemplation	**ateo**	athée
practicar	pratiquer	**el ateísmo**	l'athéisme
practicante	pratiquant	**pagano**	païen
devoto	dévot	**el paganismo**	le paganisme
la devoción	la dévotion	**profano**	profane
fiel	fidèle	**laico**	laïc
virtuoso	vertueux	**la laicidad**	la laïcité
infiel	infidèle	**un ídolo**	une idole
un feligrés	un fidèle	**la idolatría**	l'idolâtrie
beato	bigot		

LAS RELIGIONES — LES RELIGIONS

el cristianismo	le christianisme	**copto**	copte
cristiano	chrétien	**el islam**	l'islam
la cristiandad	la chrétienté	**islámico**	islamique
el catolicismo	le catholicisme	**musulmán**	musulman
católico	catholique	**el hinduísmo**	l'hindouisme
el protestantismo	le protestantisme	**hinduísta**	hindouïste
protestante	protestant	**el budismo**	le bouddhisme
el anglicanismo	l'anglicanisme	**budista**	bouddhiste
anglicano	anglican	**el judaísmo**	le judaïsme
ortodoxo	orthodoxe		

Expressions et phrases

¡Válgame Dios!	Que Dieu me vienne en aide !
¡Dios le oiga!	Dieu vous entende !
¡Que Dios te ampare!	Dieu te protège !
Si Dios quiere.	Si Dieu le veut.
¡Por Dios!	Mon Dieu !
¡Loado sea Dios!	Dieu soit loué !
¡Ojalá venga!	Pourvu qu'il vienne !
como Dios manda	comme il faut

LOS SACERDOTES — LES PRÊTRES

el sacerdocio	le sacerdoce
el clero	le clergé
clerical	clérical
anticlerical	anticlérical
un clérigo	un prêtre
eclesiástico	ecclésiastique
el Papa	le Pape
el Sumo Pontífice	le Souverain Pontife
la Santa Sede	le Saint Siège
el Vaticano	le Vatican
un cardenal	un cardinal
el arzobispo	l'archevêque
el obispo	l'évêque
la diócesis	le diocèse
diocesano	diocésain
el prelado	le prélat
el vicario	le vicaire
la parroquia	la paroisse
un parroquiano	un paroissien
el sacristán	le sacristain
el monaguillo	l'enfant chœur
el pastor	le pasteur
el rabino	le rabbin
el pope	le pope
el imán	l'imam
el seminarista	le séminariste
el seminario	le séminaire
un monje	un moine
une monja	une nonne
un ermitaño	un ermite
un santuario	un sanctuaire
el hábito	l'habit
la sotana	la soutane

LOS EDIFICIOS RELIGIOSOS — LES ÉDIFICES RELIGIEUX

la iglesia	l'église
el campanario	le clocher
el altar	l'autel
la catedral	la cathédrale
la colegiata	la collégiale
la basílica	la basilique
la capilla	la chapelle
el templo	le temple
la sinagoga	la synagogue
la mezquita	la mosquée
el alminar	le minaret
la ermita	l'ermitage
el monasterio	le monastère
el convento	le couvent
el claustro	le cloître

LOS RITOS — LES RITES

ritual	rituel
un sacramento	un sacrement
la misa	la messe
el bautismo	le baptême
la pila bautismal	les fonds baptismaux
las vísperas	les vêpres
una oración	une prière
rezar	prier
orar	prier
un padrenuestro	un Notre Père
un avemaría	un Ave Maria
el rosario	le chapelet
el misal	le missel
el breviario	le bréviaire
el coro	le chœur
el psalmo	le psaume
la confesión	la confession
el confesonario	le confessionnal
la absolución	l'absolution
absolver	absoudre

bendecir	bénir	**el sacrificio**	le sacrifice
comulgar	communier	**el ayuno**	le jeûne
la comunión	la communion	**el sermón**	le sermon
el incienso	l'encens	**la salvación**	le salut
la peregrinación	le pèlerinage	**el juicio final**	le jugement dernier
la ofrenda	l'offrande		

Expressions et phrases

El hombre propone y Dios dispone.	L'homme propose et Dieu dispose.
Pagan justos por pecadores.	Les innocents paient pour les coupables.
Lo hizo en un santiamén.	Elle l'a fait en un clin d'œil.
El traje no hace al monje.	L'habit ne fait pas le moine.
Vivía en paz y gracia de Dios.	Il vivait parfaitement en paix.
De todo hay en la viña del Señor.	Il faut de tout pour faire un monde.

DOGMA Y SENTIMIENTO RELIGIOSO — DOGME ET SENTIMENT RELIGIEUX

un teólogo	un théologien	**litúrgico**	liturgique
la escritura	l'écriture	**predicar**	prêcher
un mandamiento	un commandement	**el catequismo**	le catéchisme
el Libro	le Livre	**un precepto**	un précepte
la Biblia	la Bible	**renegar**	renier
el Corán	la Coran	**convertirse**	se convertir
el Talmud	le Talmud	**un sacrilegio**	un sacrilège
bíblico	biblique	**sacrílego**	sacrilège
coránico	coranique	**blasfemar**	blasphémer
el Evangelio	l'Évangile	**pío**	pieux
el Antiguo Testamento	l'Ancien Testament	**impío**	impie
el Nuevo Testamento	le Nouveau Testament	**la misericordia**	la miséricorde
un evangelista	un évangéliste	**el perdón**	le pardon
la liturgia	la liturgie	**la guerra santa**	la guerre sainte
		la cruzada	la croisade

EL CRISTIANISMO — LE CHRISTIANISME

el prójimo	le prochain	**un milagro**	un miracle
el edén	le paradis terrestre	**milagroso**	miraculeux
el paraíso	le paradis	**la Virgen**	la Vierge
el infierno	l'enfer	**la Inmaculada Concepción**	l'Immaculée Conception
el purgatorio	le purgatoire	**Jesucristo**	Jésus-Christ
el más allá	l'au-delà	**el Niño Jesús**	l'Enfant Jésus
la tentación	la tentation	**el Santo Espíritu**	le Saint Esprit
el pecado	le péché	**la Sagrada Familia**	la Sainte Famille
la contrición	la contrition	**el Mesías**	le Messie
arrepentirse	se repentir	**un ángel**	un ange
el arrepentimiento	le repentir	**el ángel de la guarda**	l'ange gardien
el confesor	le confesseur	**un apóstol**	un apôtre
la Crucifixión	la Crucifixion	**un mártir**	un martyr
el crucifijo	le crucifix	**el martirio**	le martyre
la Resurrección	la Résurrection		
la providencia	la providence		

el santo	le saint	**diabólico**	diabolique
el diablo	le diable	**el Apocalipsis**	l'Apocalypse
el demonio	le démon		

Expressions et phrases

ir a misa	aller à la messe
celebrar la misa	dire la messe
ayudar a misa	servir la messe
La fe está muy arraigada.	La foi est très enracinée.
¡Q.E.P.D. (que en paz descanse)!	Qu'il repose en paix !
¡Bendito sea!	Béni soit-il !
rezar un padrenuestro y tres avemarías	dire un notre père et trois Ave marias
hacer la señal de la cruz	faire le signe de croix

LAS ÓRDENES RELIGIOSAS — LES ORDRES RELIGIEUX

una congregación	une congrégation	**los jesuitas**	les jésuites
regular	régulier	**el general de jesuitas**	le général des jésuites
mendicante	mendiant	**benedictino**	bénédictin
docente	enseignant	**franciscano**	franciscain
contemplativo	contemplatif	**dominicano**	dominicain
un fraile	un frère	**cisterciense**	cistercien
el abad	l'abbé	**el Carmen**	le Carmel
la abadesa	l'abbesse	**el voto**	le vœu
la abadía	l'abbaye	**el velo**	le voile
la cartuja	la chartreuse	**el apostolado**	l'apostolat
la misión	la mission		
la Compañía de Jesús	la Compagnie de Jésus		

Expressions et phrases

Fray Pedro	Frère Pierre
ingresar una orden	entrer dans les ordres
hacer voto de castidad	faire vœu de chasteté
colgar el hábito	jeter le froc aux orties
traer la buena nueva	porter la bonne parole
predicar en el desierto	prêcher dans le désert

LA INQUISICIÓN — L'INQUISITION

la persecución	la persécution	**humillar**	humilier
la tortura	la torture	**la penitencia**	la pénitence
el tormento	la torture	**las llamas del infierno**	les flammes de l'enfer
confesar	avouer	**condenado**	damné
la hoguera	le bûcher		

V. LA COMUNICACIÓN

21. LOS MEDIOS — LES MÉDIAS

Vocabulaire général

comunicar	communiquer	**redactar**	rédiger
la información	l'information	**imprimir**	imprimer
difundir	diffuser	**divulgar**	divulguer
la difusión	la diffusion	**una noticia**	une nouvelle
transmitir	transmettre	**la censura**	la censure
publicar	publier	**el pensamiento único**	la pensée unique
propagar	propager		

Expressions et phrases

dar su punto de vista	donner son avis
poner en tela de juicio	remettre en question
Queda un interrogante.	Une question reste en suspens.
Es un problema candente.	C'est un problème brûlant.
Urge resolver el caso.	Il est urgent de régler cette affaire.
tener mala prensa	avoir mauvaise presse
Cabe recalcar lo grave de la crisis.	Il convient de souligner la gravité de la crise.
Hay pareceres distintos al respecto.	Les avis diffèrent à ce sujet.
No estoy de acuerdo.	Je ne suis pas d'accord.
Están conformes.	Ils sont d'accord.

LA PRENSA — LA PRESSE

un órgano	un organe	**un artículo**	un article
un diario	un journal	**el articulista**	l'auteur de l'article
un periódico	un journal	**el lector**	le lecteur
el periodismo	le journalisme	**un comentarista**	un commentateur
periodístico	journalistique	**un reportero**	un reporter
un periodista	un journaliste	**el reportaje**	le reportage
mensual	mensuel	**un corresponsal**	un correspondant
semanal	hebdomadaire	**una entrevista**	un entretien
trimestral	trimestriel	**una rueda de prensa**	une conférence de presse
una revista	une revue	**la reseña**	le compte-rendu
un tebeo	une bande dessinée	**una sección**	une rubrique
un ilustrado	un illustré	**sugerente**	suggestif
el suplemento semanal	le supplément hebdomadaire	**el redactor jefe**	le rédacteur en chef

la edición	l'édition
la tirada	le tirage
el titular	le gros titre
la cabecera	la manchette
el boletín informativo	les informations
salir a luz	être publié
insertar	insérer
un ejemplar	un exemplaire
la primera plana	la première page
una columna	une colonne
un informe	un rapport
los sucesos locales	les annonces locales
los anuncios por palabras	les petites annonces
un suscriptor	un abonné
una suscripción	un abonnement
renovar	renouveler
la prensa deportiva	la presse sportive
la prensa rosa	la presse du cœur
sensacionalista	à scandale
un culebrón	un feuilleton
desprestigiar	discréditer
suspender	suspendre
archivar	classer
mediatizar	médiatiser
mediático	médiatique

Expressions et phrases

matizar un juicio	nuancer un jugement
llenar los titulares	faire les gros titres
medir sus palabras	peser ses mots
captar la atención	attirer l'attention
poner en entredicho	mettre en cause
No es una noticia solvente.	Ce n'est pas une nouvelle crédible.
No refleja lo sucedido.	Cela ne reflète pas les événements.
fe de errores	errata
No tengo datos suficientes.	Je n'ai pas assez d'éléments d'information.
Fue el culebrón del verano.	Ce fut le feuilleton de l'été.
¡Maldita prensa amarilla!	Maudite presse à scandale !
Mejor no menearlo.	Mieux vaut ne plus en parler.
Son los dimes y diretes de la prensa popular.	Ce sont les cancans de la presse populaire.
Lo sé de muy buena tinta.	Je le sais de source sûre.

LA IMPRENTA — L'IMPRIMERIE

el impreso	l'imprimé
la tapa	la couverture
la vuelta	le verso
la página	la page
hojear	feuilleter
la escritura	l'écriture
en bastardilla	en italique
en cursiva	en italique
en negrilla	en caractères gras
una mayúscula	une majuscule
entre comillas	entre guillemets
el grabado	la gravure
la edición	l'édition
la casa editorial	la maison d'édition
el papel	le papier
el índice	l'index
salir a luz	paraître
sacar a luz	faire paraître
ver la luz	paraître
pasar a las prensas	mettre sous presse
el autor	l'auteur
el escritor	l'écrivain
el traductor	le traducteur
los derechos de autor	les droits d'auteur
el manuscrito	le manuscrit
inédito	inédit
póstumo	posthume
encuadernado	relié
la encuadernación	la reliure
en rústica	broché
el prólogo	le prologue
el preámbulo	le préambule
el prefacio	la préface

LA TELEVISIÓN / LA TÉLÉVISION

el ente televisivo	la télévision (organisme)
el televisor	le téléviseur
un aparato	un appareil
el telespectador	le téléspectateur
una cadena	une chaîne
un canal	un canal
una cadena de pago	une chaîne privée
el canal de los deportes	la chaîne des sports
la pantalla	l'écran
audiovisual	audiovisuel
el cable	le câble
la antena-satélite	l'antenne satellite
el magnetoscopio	le magnétoscope
la videocámara	le caméscope
el descodificador	le décodeur
el mando a distancia	la télécommande
el programa	le programme
conectar	brancher
desconectar	débrancher
zapear	zapper
grabar	enregistrer
televisivo	télévisuel
televisado	télévisé
el telediario	le journal télé
el noticiario	le journal télé
un serial	un feuilleton
una telenovela	un roman télé
una serie televisiva	une série
una película	un film
un documental	un documentaire
una tertulia	une soirée
un debate	un débat
la imagen (imágenes)	l'image
el color	la couleur
en directo	en direct

Expressions et phrases

Lo vi por televisión.	J'ai vu ça à la télé.
Ahora tienen la televisión de cable.	Maintenant, ils ont la télévision par câble.
Hay una trivialización de la violencia.	Il y a une banalisation de la violence.
Nos bombardean con imágenes.	On nous bombarde d'images.
¿A cuento de qué viene esto?	Qu'est-ce que c'est que cette histoire ?

LA RADIO / LA RADIO

una emisora	un poste émetteur
el locutor	le présentateur
el oyente	l'auditeur
la onda corta	les ondes courtes
la onda media	les ondes moyennes
la onda larga	les grandes ondes
la frecuencia modulada	la modulation de fréquence
radiar	radiodiffuser
radial	radiophonique
el sonido	le son
un comunicado	un communiqué
un parte	un communiqué
un radioaficionado	un radio amateur

LAS NUEVAS TECNOLOGÍAS / LES NOUVELLES TECHNOLOGIES

la era digital	l'ère digitale
la computadora	l'ordinateur
el ordenador	l'ordinateur
los PC's domésticos	les PC
el microordenador	le micro ordinateur
el portátil	le portable
el monitor	le moniteur
el disco duro	le disque dur
el teclado	le clavier
teclear	taper
la clavija	la prise
la conexión	le branchement
la informática	l'informatique
informático	informatique
los datos	les données
un banco de datos	une banque de données
un fichero	un fichier

un archivo	un dossier	**un videojuego**	un jeu vidéo
almacenar datos	stocker des données	**un radiocasete**	une radio cassette
el ratón	la souris	**un equipo de alta fidelidad**	un équipement haute fidélité
el escáner	le scanner	**la caja acústica**	l'enceinte acoustique
la disquetera	le lecteur de disquettes	**el lector de compactos**	le lecteur de C.D.
un disquete	une disquette	**la platina de casetes**	la lecteur de cassettes
el icono	l'icône	**la cinta**	la bande
la impresora	l'imprimante	**el elepé**	le 33 tours
a color	couleur	**el single**	le 45 tours
el tratamiento de textos	le traitement de texte	**el amplificador**	l'ampli
formatar	formater		
salvar	sauvegarder		

Expressions et phrases

enviar un fax	envoyer un fax
navegar por la red	surfer sur Internet
Es la tecnología punta.	C'est la technologie de pointe.
Su trabajo requiere un equipo informático.	Son travail demande un équipement informatique.
Puedes acceder de inmediato a lo que pasa en la otra parte de la tierra.	Tu peux avoir accès immédiatement à l'autre bout du monde.
Gracias por asomarse a esta emisión.	Merci d'avoir écouté cette émission.

CORREOS — LA POSTE

la ventanilla	le guichet	**las señas**	l'adresse
el cartero	le facteur	**la dirección**	l'adresse
la saca	la sacoche	**la firma**	la signature
la lista de correos	la poste restante	**firmar**	signer
el código postal	le code postal	**fechar**	dater
el buzón	la boîte à lettres	**el destinatario**	le destinataire
la recogida	la levée	**el remitente**	l'expéditeur
la carta	la lettre	**el correo certificado**	le courrier recommandé
el membrete	l'en-tête	**el correo aéreo**	le courrier aérien
la tarjeta postal	la carte postale	**el telegrama**	le télégramme
la misiva	la missive	**un recibo**	un reçu
el sobre	l'enveloppe	**un paquete**	un paquet
un sobre franqueado	une enveloppe affranchie	**el telex**	le télex
el sello	le timbre	**el fax**	le fax
sellar	timbrer	**adjunto**	joint

Expressions et phrases

mandar una carta	envoyer une lettre
echar al buzón	poster
a vuelta de correo	par retour du courrier

recoger un paquete	retirer un paquet
enviar un giro postal	envoyer un virement
mandar por fax	envoyer par fax
recibir una carta de aviso	recevoir un avis de la poste
P.D (pos data)	P.S. (post-scriptum)
estimado Señor	cher Monsieur
Atentamente le saludamos.	Veuillez agréer nos salutations distinguées.
Tenemos el gusto de comunicarle.	Nous avons le plaisir de vous informer.
Le quedaría agradecido.	Je vous serais reconnaissant.
Sírvanse	Ayez l'obligeance
En contestación a su carta	En réponse à votre lettre
Le indico con ésta	Je vous indique par la présente
Tarda en llega.	Elle tarde à arriver.

EL TELÉFONO — LE TÉLÉPHONE

telefónico	téléphonique	**colgar**	raccrocher
telefonear	téléphoner	**ponerse**	répondre
llamar por teléfono	appeler	**marcar**	faire un numéro
móvil	portable	**la llamada**	l'appel
inalámbrico	sans fil	**la conferencia**	la communication
la centralita	le standard	**la guía**	l'annuaire
el auricular	l'appareil	**la línea**	la ligne
el contestador automático	le répondeur	**un telefonazo**	un coup de téléphone
la señal	le signal sonore	**la conexión**	la liaison
el radioteléfono	le radiotéléphone	**a cobro revertido**	en P.C.V.
descolgar	décrocher	**el abonado**	l'abonné

Expressions et phrases

dar un toque	passer un coup de fil
¡Oiga! ¡Diga!	Allô !
¿Puede ponerme con el Señor Rodríguez por favor?	Pouvez-vous me passer Monsieur Rodriguez s'il vous plaît ?
Se lo pongo.	Je vous le passe.
¿De parte de quién?	De la part de qui ?
Llame al número 317.	Appelez le numéro 317.

22. LOS TRANSPORTES — LES TRANSPORTS

Vocabulaire général

transportar	transporter	**el viaje**	le voyage
acarrear	acheminer	**el recorrido**	le parcours
llevar	porter	**la distancia**	la distance
traer	apporter	**un kilómetro**	un kilomètre
llevarse	emporter	**largo**	long
transferir	transférer	**corto**	court
traspasar	transférer	**salir**	partir
la transferencia	le transfert	**marcharse**	s'en aller
el traspaso	le transfert	**llegar**	arriver
entregar	remettre	**la despedida**	les adieux
trasladarse	se déplacer	**el viajero**	le voyageur
viajar	voyager	**el pasajero**	le passager
el trayecto	le trajet	**el usuario**	l'usager

Vocabulaire spécialisé

ida y vuelta	aller et retour	**cercano**	proche
de vuelta	de retour	**próximo**	proche
llegar de improviso	arriver à l'improviste	**distante**	distant
repentino	soudain	**distar**	être à telle distance
lejos	loin	**por todas partes**	partout
lejano	lointain	**a mediados del camino**	à mi-chemin
remoto	très lointain		
cerca	près		

LA RED VIARIA — LE RÉSEAU ROUTIER

una carretera	une route	**una senda**	un sentier
nacional	nationale	**recto**	droit
comarcal	départementale	**sinuoso**	sinueux
una autopista	une autoroute	**serpentear**	serpenter
un tramo	un tronçon	**un zigzag**	un zigzag
un mojón	une borne kilométrique	**una curva**	un virage
		el firme	le revêtement
el peaje	le péage	**el arcén (arcenes)**	le bas côté
un área de descanso	une aire de repos	**la cuneta**	le fossé
		un vado	un gué
una parada discrecional	un arrêt facultatif	**un puente**	un pont
		un viaducto	un viaduc
una autovía	une voie rapide	**un acueducto**	un aqueduc
un carril	une voie	**circular**	circuler
un camino	un chemin	**rodar**	rouler
un sendero	un sentier	**conducir**	conduire

doblar	tourner
pasar	doubler
el automovilista	l'automobiliste
el conductor	le conducteur
el chófer	le chauffeur
el carné de conducir	le permis de conduire
el código vial	le code de la route
un medio de locomoción	un moyen de locomotion
un vehículo	un véhicule
el coche	la voiture
la marca	la marque
el autobús	l'autobus
el coche de línea	l'autocar
un camión	un camion
el remolque	la remorque
la furgoneta	la fourgonnette
la camioneta	la camionnette
un utilitario	un utilitaire
la carrocería	la carrosserie
el maletero	le coffre
la rueda	la roue
el neumático	le pneu
la cubierta	la chambre
el parachoque	le pare choc
el parabrisas	le pare brise
el motor de arranque	le démarreur
arrancar	démarrer
la palanca de cambio de velocidades	le levier de changement de vitesse
el volante	le volant
la dirección asistida	la direction assistée
acelerar	accélérer
desacelerar	décélérer
frenar	freiner
un frenazo	un coup de frein
los frenos	les freins
calarse	caler
guardar la derecha	tenir sa droite
al ralentí	au ralenti
averiarse	tomber en panne
la avería	la panne
volcar	verser
un accidente	un accident
una señal de tráfico	un panneau
la moto	la moto
el casco	le casque
la batería	la batterie
la bujía	la bougie
la bocina	l'avertisseur
pitar	klaxonner
el asiento delantero	le siège avant
el asiento trasero	le siège arrière
el cinturón de seguridad	la ceinture de sécurité
el tablero de mandos	le tableau de bord
el retrovisor	le rétroviseur
las luces de posición	les feux de position
las luces de cruce	les feux de croisement
las luces de carretera	les phares
el intermitente	le clignotant
el depósito	le réservoir d'essence
un repuesto	une pièce de rechange
el garaje	le garage
el taller mecánico	l'atelier de mécanique
un pinchazo	une crevaison
reventar	crever
el gato	le cric
repostar	faire le plein
la gasolinera	la station service
la gasolina	l'essence
la bomba de gasolina	la pompe à essence
la súper	le super
el gasóleo	le gasoil
un coche de segunda mano	une voiture d'occasion
la bicicleta	le vélo
el pedal	la pédale
los manillares	le guidon
pedalear	pédaler

Expressions et phrases

¡Pon en marcha!	Mets en marche !
Cuando el accidente, iba a todo gas.	Au moment de l'accident, il allait à fond la caisse.
Otro coche venía a contramano.	Une autre voiture arrivait en sens inverse.
¡Qué cochazo!	Quelle voiture terrible !
¡Qué cacharro!	Quel tas de boue !
¿Adónde vamos?	Où allons-nous ?
Iremos adonde quieras.	Nous irons où tu voudras.
hacer autostop	faire de l'auto-stop
ir en moto	rouler à moto
Está para el arrastre.	Elle est bonne pour la casse.
malograr el viaje	gâcher le voyage
errar el rumbo	se tromper de route
caminar por rumbos contrarios	suivre des chemins différents
No lleva a ninguna parte.	Cela ne mène nulle part.

EL FERROCARRIL — LE CHEMIN DE FER

el tren	le train
el convoy	le convoi
la locomotora	la locomotive
un coche	un wagon
un vagón	un wagon
el coche cama	le wagon lit
la litera	la couchette
un departamento	un compartiment
un asiento	une place
la rejilla	le filet à bagages
la vía	la voie
el ancho de vía	la largeur de la voie
el paso a nivel	le passage à niveau
el túnel	le tunnel
el TAV (Tren de Alta Velocidad)	le TGV
la RENFE (Red Nacional de Ferrocarriles Españoles)	la Compagnie espagnole de chemins de fer
la FEVE (Ferrocarriles Españoles de vía estrecha)	la Compagnie espagnole de chemins de fer à voie étroite
el maquinista	le machiniste
la estación	la gare
la parada	la halte
el timbre de alarma	le signal d'alarme
el horario	l'horaire
la salida	le départ
la procedencia	la provenance
la taquilla	le guichet
el enlace	la correspondance
el andén (andenes)	le quai
el tren de cercanía	le train de banlieue
el tren de largo recorrido	le train de grande ligne
el mercancías	le train de marchandise
el revisor	le contrôleur
la sala de espera	la salle d'attente
la consigna	la consigne
el equipaje	les bagages
la maleta	la valise
el bolso	le sac

Expressions et phrases

hacer la cola en la taquilla	faire la queue au guichet
sacar un billete	prendre son billet
picar	poinçonner
el tren de Madrid	le train en provenance de Madrid

el tren para Sevilla	le train à destination de Séville
los viajeros con destino a Barcelona	les voyageurs à destination de Barcelone
reservar un asiento de segunda	réserver une place en seconde
colocar el equipaje	ranger ses bagages
subir en marcha	monter en marche
apearse	descendre
perder el tren	rater le train
llevar retraso	avoir du retard
¡Buen viaje!	Bon voyage !
dormir al raso	dormir à la belle étoile
dormir al amor de las estrellas	dormir à la belle étoile
parada y fonda	arrêt buffet

EL BARCO — LE BATEAU

un buque	un navire
un navío	un navire
una nave	un navire
una cáscara de nuez	une coquille de noix
un transatlántico	un transatlantique
un paquebote	un paquebot
un carguero	un cargo
un petrolero	un pétrolier
un portacontenedores	un porte conteneur
un transbordador	un bac
la lancha	la barque
la fuera borda	le hors bord
la balsa	le radeau
el bote salvavidas	le canot de sauvetage
el chaleco salvavidas	le gilet de sauvetage
el casco	la coque
la quilla	la quille
el timón	le gouvernail
el mástil	le mât
el palo	le mât
la cubierta	le pont
la proa	la proue
la popa	la poupe
el ancla (las anclas)	l'ancre
un cabo de soga	un cordage
la tripulación	l'équipage
un tripulante	un membre d'équipage
un marinero	un marin
el navegante	le navigateur
el capitán	le capitaine
el grumete	le mousse
un pirata	un pirate
la navegación	la navigation
navegar	naviguer
bogar	voguer
la brújula	la boussole
los prismáticos	les jumelles
el catalejo	la longue vue
el radar	le radar
la sirena	la sirène
el puerto	le port
la dársena	le bassin
el muelle	le quai
el malecón	la jetée
el rompeolas	la digue
atracar	se mettre à quai
amarrar	amarrer
abordar	aborder
el trajín	le transport
embarcar	embarquer
desembarcar	débarquer
el desembarco	le débarquement (de passagers)
el desembarque	le débarquement (de marchandises)
cargar	charger
descargar	décharger
el cargamento	le chargement
el flete	le fret
una tonelada	une tonne
el embarcadero	l'embarcadère
un cargador de muelle	un docker
varar	échouer
un varadero	un échouage
recalar	s'ancrer
la costa	la côte
una bahía	une baie
el rumbo	la route
la travesía	la traversée
el pasajero	le passager
el camarote	la cabine
la estela	le sillage
el faro	le phare
el torrero de faro	le gardien de phare
los fondos	les fonds

un escollo	un écueil	**el polisón**	le passager clandestin
un atolón	un atoll	**el contrabando**	la contrebande
hundirse	couler	**el alijo**	la marchandise de contrebande
el naufragio	le naufrage	**el contrabandista**	le contrebandier
naufragar	faire naufrage	**incautar**	saisir
el náufrago	le naufragé	**el tráfico fluvial**	le trafic fluvial
sumergir	submerger	**una esclusa**	une écluse
ahogarse	se noyer	**un canal**	un canal
marearse	avoir le mal de mer	**un remolcador**	un remorqueur
en alta mar	en haute mer	**una gabarra**	une péniche
en baja mar	à marée basse		
ultramar	d'outre-mer		
la ruta Atlántica	la route Atlantique		

Expressions et phrases

ir rumbo a América	partir en Amérique
subir a bordo	monter à bord
allende el Atlántico	outre Atlantique
cruzar el charco	traverser la grande bleue
levar el ancla	lever l'ancre
zarpar del puerto	quitter le port
el tráfico portuario	le trafic portuaire
hacerse a la mar	prendre la mer
viento en popa	avec le vent en poupe
ir a la buena de Dios	aller à l'aventure

EL AVIÓN — L'AVION

la línea aérea	la ligne aérienne	**la cala**	la soute
la aeronáutica	l'aéronautique	**el aerodrómo**	l'aérodrome
el aparato	l'appareil	**el aeropuerto**	l'aéroport
la cabina	la cabine	**un hangar**	un hangar
la aeronave	l'aéronef	**la torre de control**	la tour de contrôle
aerodinámico	aérodynamique	**el andén**	la porte
el hidroavión	l'hydravion	**transitar**	transiter
el planeador	le planeur	**el tránsito**	le transit
el helicóptero	l'hélicoptère	**un vuelo**	un vol
la avioneta	l'avion de tourisme	**despegar**	décoller
la carlinga	la carlingue	**el despegue**	le décollage
la hélice	l'hélice	**aterrizar**	atterrir
un aviador	un aviateur	**el aterrizaje**	l'atterrissage
el piloto	le pilote	**una escala**	une escale
la azafata	l'hôtesse de l'air	**la pista**	la piste
el sobrecargo	le steward	**una terminal**	un terminal
el avión a reacción	l'avion à réaction	**la tarjeta de embarque**	la carte d'embarquement
el reactor	le réacteur		
supersónico	supersonique		

Expressions et phrases

facturar el equipaje	enregistrer ses bagages
Lleva dos horas de retraso.	Il a deux heures de retard.
embarcar inmediatamente	embarquement immédiat
una bajada de tarifas	une baisse des tarifs
las exigencias de seguridad	les mesures de sécurité exigées
un aeropuerto con 3000 vuelos diarios	un aéroport avec 3000 vols quotidiens
Sufre el desfase.	Il souffre du décalage horaire.

23. EL TURISMO — LE TOURISME

Vocabulaire général

un turista	un touriste
turístico	touristique
un veraneante	un estivant
el veraneo	les vacances d'été
veranear	passer l'été
la temporada alta	la haute saison
la temporada baja	la basse saison
un visitante	un visiteur
visitar	visiter
descubrir	découvrir
explorar	explorer
una exploración	une exploration
una visita	une visite
contemplar	contempler
el viaje	le voyage
el paquete	le forfait
la oferta	l'offre
un intérprete	un interprète
la guía azul	le guide bleu
un guía turístico	un guide touristique
la Agencia de viajes	l'Agence de voyages
la Oficina de Turismo	l'Office du Tourisme
un cartel	une affiche
un folleto	un prospectus
un prospecto	un prospectus

Expressions et phrases

ir a pie	aller à pied
ir río arriba	remonter la rivière
ir río abajo	descendre la rivière
ir a campo traviesa	aller à travers champs
ver mundo	voir du pays
Viste traje de camino.	Il est en tenue de voyage.
el turismo de masas	le tourisme de masses
Hay mucho turista.	Il y a beaucoup de touristes.

EL HOTEL, EL ALOJAMIENTO — L'HÔTEL, L'HÉBERGEMENT

la hotelería	l'hôtellerie
la hospedería	l'hôtellerie
una cadena de hoteles	une chaîne hôtelière
un parador	un hôtel (administré par l'État)
un albergue	une auberge
un hostal	un hôtel
la fonda	la pension
la posada	le petit hôtel
una venta	une auberge (de campagne)
la pensión	la pension de famille
la casa de huéspedes	la pension de famille
el mesón	l'auberge
el hotelero	l'hôtelier
la camarera	la femme de chambre
la recepción	la réception
atender	s'occuper (des clients)
el registro	le registre
rellenar una ficha	remplir une fiche
reservar	réserver
la reserva	la réservation
reclamar	réclamer
un habitación	une chambre
una cama de matrimonio	un lit de deux personnes
una cama individual	un lit individuel
el aire acondicionado	l'air conditionné

EL RESTAURANTE — LE RESTAURANT

la gastronomía	la gastronomie
el camarero	le garçon
el mozo	le serveur
el maestresala	le maître d'hôtel
el chef	le chef
el sumiller	le sommelier
el cocinero	le cuisinier
servir	servir
el bar	le bar
la cafetería	la cafétéria
la barra	le comptoir
una cervecería	une brasserie
un merendero	une guinguette, une buvette
una taberna	un bistrot
la carta	la carte
el menú	le menu
la minuta	le menu
el primer plato	l'entrée
el postre	le dessert
el pedido	la commande
la cuenta	l'addition
la propina	le pourboire
todo incluido	tout compris
sin incluir	non compris

Expressions et phrases

reservar una mesa para seis	réserver une table pour six personnes
De postre ¿Qué van a tomar?	Comme dessert, qu'allez-vous prendre ?
¿Cuál es el plato del día?	Quel est le plat du jour ?

LAS ACTIVIDADES TURÍSTICAS — LES ACTIVITÉS TOURISTIQUES

el turismo verde	le tourisme vert
el turismo rural	le tourisme rural
las ferias	les foires expositions
un parque nacional	un parc national
acampar	camper
el camping	le camping
un campista	un campeur
un bañista	un baigneur
bañarse	se baigner

Expressions et phrases

tomar el sol	prendre un bain de soleil
bajar a la playa	descendre à la plage
estar a orillas del mar	être au bord de la mer
Hay la mar de turistas.	Il y a des milliers de touristes.
leer el mapa	lire la carte
no salir de los caminos balizados	ne pas sortir des sentiers balisés
Entraña riesgos.	Cela comporte des risques.
El rescate supone un alto coste.	Les opérations de secours coûtent très cher.
vivir de lo que dé la naturaleza	vivre des produits de la nature

LA INDUSTRIA TURÍSTICA / L'INDUSTRIE TOURISTIQUE

un tour operador (tour operadores)	un tour opérateur
un vuelo charter	un vol charter
el boum	le boom
el despegue	l'essor
los alicientes	les attraits
promover	promouvoir
el aporte de divisas	l'apport de devises

Expressions et phrases

las actividades alternativas	les activités alternatives
Son zonas propicias al desarrollo turístico.	Ce sont des régions propices au développement du tourisme.
Es un rinconcillo de ensueño.	C'est un petit coin de rêve.
Generó puestos de trabajo en la construcción.	Cela a généré des emplois dans la construction.
Originó el alza de los precios.	Ce fut l'origine de la hausse des prix.
Supone infraestructuras.	Cela suppose des infrastructures.

LOS TRÁMITES / LES FORMALITÉS

el pasaporte	le passeport
el visado	le visa
el DNI (Documento Nacional de Identidad)	la Carte Nationale d'Identité
la moneda	la monnaie
las divisas	les devises
el cambio	le change
planificar	planifier
caducado	périmé
vigente	en cours de validité
el mayorista	le voyagiste
una ventaja	un avantage
un inconveniente	un inconvénient
una estancia	un séjour
la calidad	la qualité
las comodidades	le confort
el seguro	l'assurance

VI. LA ECONOMÍA

24. ECONOMÍA Y EMPRESA
ÉCONOMIE ET ENTREPRISE

Vocabulaire général

económico	économique
un economista	un économiste
la planificación	la planification
la gestión	la gestion
el desarrollo	le développement
el subdesarrollo	le sous-développement
el capital	le capital
el capitalismo	le capitalisme
la coyuntura	la conjoncture
coyuntural	conjoncturel
la globalización	la globalisation
la mundialización	la mondialisation
el embargo	l'embargo
el bloqueo	le blocus
la inflación	l'inflation
la tasa de inflación	le taux d'inflation
inflacionista	inflationniste
una fase	une phase
la recesión	la récession
un retroceso	un recul
estancarse	stagner
el estancamiento	la stagnation
la expansión	l'expansion
el crecimiento	la croissance
crecer	croître
decrecer	décroître
la prosperidad	la prospérité
próspero	prospère
el vuelo	l'essor
el auge	l'apogée
aumentar	augmenter
fomentar	favoriser
alentar	encourager
impulsar	pousser
el PNB (Producto Nacional Bruto)	le PNB (Produit National Brut)
el PIB (Producto Interior Bruto)	le PIB (Produit Intérieur Brut)
la renta per cápita	le revenu par habitant
el comercio	le commerce
la balanza comercial	la balance commerciale
el rendimiento	le rendement
la rentabilidad	la rentabilité
la productividad	la productivité
productivo	productif
rentable	rentable
rendir	rendre
el beneficio	le bénéfice
el provecho	le profit
la pérdida	la perte
la innovación	l'innovation
la reactivación	la relance
la recuperación	la reprise
el endeudamiento	l'endettement
el sobreendeudamiento	le surendettement

Expressions et phrases

frenar la tasa de inflación	diminuer le taux d'inflation
mejorar la competitividad	améliorer la compétitivité
ayudar los sectores en crisis	aider les secteurs en crise
estimular la creación de empresas	stimuler la création d'entreprises
otorgar incentivos fiscales	concéder des avantages fiscaux
La situación económica no es boyante.	La situation économique n'est pas brillante.

LA EMPRESA — L'ENTREPRISE

una firma	une firme
un empresario	un chef d'entreprise
el empresariado	le patronat
emprender	entreprendre
emprendedor	entreprenant
un ejecutivo	un cadre
un puesto directivo	un poste de direction
la patronal	le patronat
el patrón	le patron
un socio	un associé
un colaborador	un collaborateur
la plantilla	le personnel
un empleado	un employé
el gerente	le gérant
el equipo	l'équipe
la secretaria	la secrétaire
la mecanógrafa	la dactylo
la oficina	le bureau
una filial	une filiale
la casa matriz	la maison mère
un asalariado	un salarié
contratar	embaucher
la contratación	l'embauche
un contrato	un engagement
los gastos generales	les frais généraux
los costes de producción	les coûts de production
la regulación de empleo	la réduction d'effectif
las PYMES (Pequeñas y Medianas Empresas)	les PME
floreciente	florissant
la quiebra	la faillite
quebrar	faire faillite
una multinacional	une multinationale
la deslocalización	la délocalisation
el cierre	la fermeture
la eficacia	l'efficacité
la reducción de coste	la réduction des coûts
la gestión	la gestion
asesor jurídico	un avocat conseil
ahorrar	économiser
optimizar	rendre performant
el mantenimiento	la maintenance

Expressions et phrases

combatir la inercia	combattre l'inertie
el entorno de trabajo	l'environnement professionnel
escribir a máquina	taper à la machine
estudiar el mercado potencial	faire une étude de marché
el departamento de recursos humanos	le département des ressources humaines
Forman a los jóvenes carentes dc experiencia.	Ils forment les jeunes dépourvus d'expérience.

EL FUNCIONAMIENTO — LE FONCTIONNEMENT

el jurado de empresa	le comité d'entreprise
el consejo diretivo	le conseil d'administration

la selección de personal la sélection du personnel
el reclutamiento le recrutement
una entrevista un entretien
las cuentas les comptes
el balance le bilan
la facturación le chiffre d'affaires
el propietario le propriétaire
un accionista un actionnaire
una acción une action
privatizar privatiser
la privatización la privatisation
nacionalizar nationaliser
la nacionalización la nationalisation
fusionarse fusionner
asociarse s'associer
la fusión la fusion
el volumen de beneficios le total des bénéfices
la plus valía la plus value
el valor añadido la valeur ajoutée
el margen de beneficio (márgenes) la marge de bénéfice
el IVA (Impuesto sobre el Valor Añadido) la TVA
el activo l'actif
el pasivo le passif

Expressions et phrases

realizar el presupuesto respecter son budget
cumplir los objetivos fijados remplir ses objectifs
salir a Bolsa être coté en Bourse
publicar cifras sobre la marcha de la empresa publier des chiffres sur la marche de l'entreprise

EL MERCADO — LE MARCHÉ

el monopolio le monopole
el cártel le cartel
el mercado interior le marché intérieur
el mercado exterior le marché extérieur
una salida un débouché
la competencia la concurrence
competir concurrencer
competitivo compétitif
la competitividad la compétitivité
un especialista un spécialiste
un segmento un créneau

Expressions et phrases

montar un negocio monter une affaire
ampliar el negocio s'agrandir
doblar las ventas en el espacio de un año doubler ses ventes en l'espace d'un an

EL CONSUMO — LA CONSOMMATION

el consumidor le consommateur
consumir consommer
los bienes de consumo les biens de consommation
la oferta l'offre
la demanda la demande
ofrecer offrir
las necesidades les besoins
el desembolso le versement
el gasto la dépense
el despilfarro le gaspillage
el derroche le gaspillage
el malgasto le gaspillage
malgastar gaspiller
derrochar gaspiller

Expressions et phrases

comprar por comprar	acheter pour acheter
Los precios están a la baja.	Les prix baissent.
Los libros están por las nubes.	Les livres coûtent les yeux de la tête.
Los precios se han disparado.	Les prix ont grimpé en flèche.
Se lo venden a 500 pesetas.	On vous le vend 500 pesetas.
Me sale a mil duros.	Cela me revient à mille douros.
Por mil pesetas no podrá comprar nada.	Pour mille pesetas vous n'aurez rien.
Resulta caro por lo que es.	C'est cher pour ce que c'est.
¿Cuánto es?	C'est combien ?
¿Cuánto cuesta? por favor.	Combien ça coûte, s'il vous plaît ?
Se valora en quinientas pesetas.	On évalue ça à cinq cents pesetas.

LA PUBLICIDAD — LA PUBLICITÉ

la agencia de publicidad	l'agence de publicité
un estudio de mercado	une étude de marché
el anuncio	l'annonce
el anunciante	l'annonceur
el mensaje publicitario	le message publicitaire
el cartel	l'affiche
un letrero	un écriteau
una valla	un emplacement
el lema	le slogan
el eslogán	le slogan
una cuña publicitaria	un spot publicitaire
el reclamo	l'annonce
el logotipo	le logo
el pregón	l'annonce (sonore)
el relanzamiento	la relance
una pegatina	un autocollant
un descuento	un rabais
una bonificación	une prime
alabar	vanter
patrocinar	parrainer
dinamizar	dynamiser
enfocar	cibler
condicionar	conditionner
promover	promouvoir
lanzar	lancer
saturar	saturer

Expressions et phrases

invertir en campaña publicitaria	investir dans une campagne publicitaire
una promoción de lanzamiento	une offre de lancement
¡Grandes rebajas de enero!	Grands soldes de janvier !
¡Buenas gangas!	De bonnes affaires !

EL MUNDO LABORAL — LE MONDE DU TRAVAIL

el empleo	l'emploi
el puesto	le poste
el cargo	la charge
la formación	la formation
la capacitación	la qualification
un peón	un manœuvre
un obrero cualificado	un ouvrier qualifié
la mano de obra	la main d'œuvre
la jornada laboral	la journée de travail
un día laboral	un jour ouvrable
de media jornada	à mi-temps
de jornada entera	à plein temps
la jornada continua	la journée continue
el horario continuado	la journée continue
un trabajo estacional	un travail saisonnier

solicitar un empleo	postuler
el historial profesional	le curriculum vitae
el sueldo	le salaire
el salario	le salaire
el ingreso	le salaire
fichar	pointer
cobrar	toucher
la nómina	la feuille de paie
el salario mínimo interprofesional	le SMIC
el empleador	l'employeur
contratar	engager
un contrato	un contrat d'embauche
la contratación	l'embauche
rescindir	résilier
el ascenso	la promotion
un incentivo	une prime
el despido	le licenciement
el INEM (Instituto Nacional del Empleo)	l'ANPE (Agence Nationale pour l'emploi)
el trabajo negro	le travail au noir
un aumento	une augmentation
la congelación de los salarios	les gel des salaires
la jubilación anticipada	la retraite anticipée
la reestructuración	la restructuration
los cargos sociales	les charges sociales
el paro	le chômage
el desempleo	le chômage
la tasa	le taux
el índice	le taux
el subsidio	l'indemnité
el seguro de desempleo	l'assurance chômage
la flexibilidad	la flexibilité

Expressions et phrases

cobrar el subsidio de desempleo	toucher l'indemnité de chômage
trabajar a destajo	travailler au forfait
trabajar a jornal	travailler à la journée
ir al tajo	aller sur le chantier
trabajar por horas	travailler à l'heure
Es ingeniero.	Il est ingénieur.
Está de maestro en un pueblo.	Il est professeur d'école dans un village.
una carta de dimisión	une lettre de démission
un contrato laboral precario	un contrat à durée déterminée
Reclaman la semana de 35 horas	Ils réclament la semaine de 35 heures

EL SINDICATO	LE SYNDICAT
un sindicalista	un syndicaliste
el secretario general	le secrétaire général
CC OO (Comisiones Obreras)	Commissions Ouvrières
UGT (Unión General de Trabajadores)	UGT (Union Générale des Travailleurs)
el convenio colectivo	les conventions collectives
la reivindicación	la revendication
reivindicar	revendiquer
la negociación	la négociation

Expressions et phrases

los sectores gremiales	les corps de métier
Reclaman la creación de empleos.	Ils réclament la création d'emplois.

Aceptaron sentarse a la mesa de negociaciones.	Ils ont accepté de s'asseoir à la table des négociations.
sin merma salarial	sans diminution de salaire
llevar a cabo una política salarial más justa	mener à bien une politique salariale plus juste

LA HUELGA / LA GRÈVE

convocar una huelga	appeler à la grève
un huelguista	un gréviste
la consigna	la consigne
el aviso previo	le préavis
el esquirol	le jaune
el piquete	le piquet

Expressions et phrases

Los obreros ocuparon la fábrica.	Les ouvriers ont occupé l'usine.
Secuestraron al patrón.	Ils ont séquestré le patron.
Protestan contra despidos improcedentes.	Ils protestent contre des licenciements abusifs.
No se admiten horas extras.	On n'admet pas les heures supplémentaires.
No basta con promesas.	Les promesses ne suffisent pas.

25. LOS OFICIOS — LES MÉTIERS

Vocabulaire général

un oficio	un métier
un trabajador manual	un travailleur manuel
obrar	travailler
labrar	façonner
elaborar	élaborer
forjar	forger
un taller	un atelier
una manufactura	une manufacture

LOS ARTESANOS / LES ARTISANS

la artesanía	l'artisanat
artesanal	artisanal
el maestro	le maître
la maestría	la maîtrise
el aprendiz	l'apprenti
el aprendizaje	l'apprentissage
el alfarero	le potier
la alfarería	la poterie
un jarro	un pichet
el barro	la terre
la arcilla	l'argile
la cerámica	la céramique
el relojero	l'horloger
el orfebre	l'orfèvre
el cuchillero	le coutelier
la hojalata	le fer blanc
el ebanista	l'ébéniste
la ebanistería	l'ébénisterie
el martillo	le marteau
la costurera	la couturière

el sastre	le tailleur	**el pintor de brocha gorda**	le peintre en bâtiment
coser	coudre	**el pincel**	le pinceau
el tintorero	le teinturier	**la brocha**	le gros pinceau
el carpintero de armar	le charpentier	**el techador**	le couvreur
el carpintero de taller	le menuisier	**el fontanero**	le plombier
la sierra	la scie	**el electricista**	l'électricien
el serrín	la sciure	**el tapicero**	le tapissier
el cerrajero	le serrurier	**el herrero**	le forgeron
el embaldosador	le carreleur	**la fragua**	la forge
el albañil	le maçon	**el carbonero**	le charbonnier

LOS PEQUEÑOS OFICIOS — LES PETITS MÉTIERS

el zapatero remendón	le cordonnier	**el repartidor**	le livreur
el limpiabotas	le cireur de chaussures	**el vendedor de periódicos**	le crieur de journaux
el barrendero	le balayeur	**el vendedor de billetes de lotería**	le vendeur de billets de loterie
el librero de viejo	le bouquiniste	**el deshollinador**	le ramoneur
el farero	le gardien de phare		

Expressions et phrases

sus labores	au foyer
buscarse las alubias	gagner sa croûte
Es albañil	Il est maçon.
Está de empleado en la administración.	Il est employé dans l'administration.
Está de aprendiz en el taller de su tío.	Il est en apprentissage dans l'atelier de son oncle.
amasar el pan	pétrir le pain
La ociosidad es madre de todos los vicios.	L'oisiveté est la mère de tous les vices.
Tanto va el cántaro a la fuente que al fin se rompe.	Tant va la cruche à l'eau qu'à la fin elle se casse.

26. EL COMERCIO — LE COMMERCE

LA VENTA — LA VENTE

un negocio	un négoce	**el comerciante**	le commerçant
negociar	négocier	**el vendedor**	le vendeur
un mercado	un marché	**el dependiente**	le vendeur (de magasin)
el negociante	le négociant		

el representante le représentant
el viajante le voyageur de commerce
el intermediario l'intermédiaire
el servicio le service
el cliente le client
el parroquiano le client
la clientela la clientèle
la puesta en venta la mise en vente
el distribuidor le distributeur
la posventa l'après-vente
la subcontratación la sous-traitance
el mantenimiento la maintenance
la garantía la garantie
el seguro l'assurance
el estraperlo le marché noir
vender vendre
comprar acheter
suministrar fournir
abastecer approvisionner
proveer fournir
el suministro la fourniture
el abastecimiento l'approvisionnement
un encargo une commande
encargar commander
un pedido une commande
un recado une commission
entregar livrer
la entrega la livraison
al por mayor en gros
al por menor au détail
el mayorista le grossiste
el minorista le détaillant
facturar facturer
el cambio la monnaie (rendue)
el déficit le déficit
el superávit le bénéfice
la exportación l'exportation
la importación l'importation
una subasta une vente aux enchères
encarecer enchérir
el encarecimiento la surenchère

Expressions et phrases

montar un negocio monter une affaire
hacerse con el mercado s'emparer du marché
Saca pingües beneficios. Il tire de jolis bénéfices.
No tiene bastante margen de beneficio. Il n'a pas une marge de bénéfice suffisante.
comercializar un nuevo producto commercialiser un nouveau produit
ganar un dineral gagner une fortune

LA TIENDA — LE MAGASIN

un almacén (almacenes) un grand magasin
el centro comercial le centre commercial
el supermercado le supermarché
el autoservicio le libre service
el estanco le bureau de tabac
la trastienda l'arrière boutique
la luna la vitrine
la estantería le rayonnage
la sección le rayon
el cierre metálico le rideau métallique
la caja la caisse
el cajero le caissier
la mercancía la marchandise
las existencias les stocks
el inventario l'inventaire
el almacenamiento le stockage
el género la denrée
un artículo un article
una pieza une pièce
perecedero périssable
el mostrador le comptoir
una muestra un échantillon
el surtido le choix
atender s'occuper (du client)
pesar peser
medir mesurer
despachar servir
la balanza la balance
el peso le poids
envolver emballer
empaquetar empaqueter
el embalaje l'emballage
una bolsa un sac en plastique
un saco un sac (de pommes de terre)
una saca un grand sac

Expressions et phrases

La demanda interna va creciendo.	La demande intérieure est de plus en plus forte.
No queda.	C'est épuisé.
Acabamos de recibir algo nuevo.	Nous venons de recevoir une nouveauté.
¡Medio kilo de tomates, por favor!	Une livre de tomates, s'il vous plaît.
¿Qué más le pongo?	Qu'est-ce que je vous sers d'autre ?
dar cobertura a la demanda	couvrir la demande
Copan el 60% del mercado.	Ils raflent 60 % du marché.

LAS DIFERENTES TIENDAS — LES DIFFÉRENTES BOUTIQUES

la alimentación	l'alimentation
un producto alimenticio	un produit alimentaire
el sector alimentario	le secteur alimentaire
la confección	la confection
la panadería	la boulangerie
el horno	le fournil
la frutería	la boutique du fruitier
la lechería	la crémerie
la carnicería	la boucherie
la repostería	la pâtisserie
la pescadería	la poissonnerie
Comestibles	épicerie
Ultamarinos	épicerie
la droguería	la droguerie
la mercería	la mercerie
la ferretería	la quincaillerie
la botica	la pharmacie
la farmacia	la pharmacie
la peluquería	le salon de coiffure

LA COMPRA — L'ACHAT

valorar	évaluer
el valor	la valeur
valioso	de valeur
el precio	le prix
la relación calidad-precio	le rapport qualité prix
cobrar	toucher
una ganga	une aubaine
el coste	le coût
el costo	le coût
la devolución	le retour

EL ENVASE — LE CONTENANT

un bote	une boîte (de lait)
un tarro	un pot (de confiture)
un cucurucho	un cornet
una caja	une boîte (en bois, carton...)
una cajetilla	une boîte (d'allumettes)
una cajetilla	un paquet (de cigarettes)
una lata	une boîte (de conserve)
un rollo	un rouleau
un tubo	un tube
una botella	une bouteille
un botellín	une petite bouteille
una garrafa	une bonbonne (de vin)
una bombona	une bonbonne (de gaz)
un frasco	un flacon
un tonel	un tonneau
un barril	un baril

Expressions et phrases

una gama de productos	une gamme de produits
ir a la plaza	aller au marché

ir de compras	aller faire les courses
Lo compró por casi nada.	Elle l'a acheté pour presque rien.
Pagan por anticipado.	Ils paient d'avance.
Es un coche de segunda mano.	C'est une voiture d'occasion.
ir por pan y tabaco	aller chercher du pain et des cigarettes
cerrado por vacaciones	fermé pour cause de vacances

EL PAGO — LE PAIEMENT

el importe	le montant
el código de barras	le code barre
caro	cher
barato	bon marché
la carestía	la cherté
accesible	accessible
inaccesible	inaccessible
gratuito	gratuit
de balde	gratuit
costoso	coûteux
el cobro	l'encaissement
una rebaja	un rabais
descontar	déduire
rebajar	solder
calcular	calculer
alzar	hausser
regatear	marchander
el regateo	le marchandage
expedir	expédier
a cuenta	en acompte

Expressions et phrases

por descontado	à coup sûr
en contadas ocasiones	en de rares occasions
dar en la cuenta	comprendre
llevar la cuenta	tenir les comptes
No tengo dinero encima.	Je n'ai pas d'argent sur moi.
¿ No tiene suelto ?	Vous n'avez pas de monnaie ?
Lo barato a veces resulta caro.	Ce qui est bon marché revient parfois cher.

27. EL DINERO. LA BANCA
L'ARGENT. LA BANQUE

EL DINERO — L'ARGENT

la moneda	la monnaie
la divisa	la devise
la peseta	la peseta
el duro	le douro
el centavo	le centime
el céntimo	le centime
el euro	l'euro
el franco	le franc
el marco	le mark
la lira	la lire
la libra	la livre
la corona	la couronne
el dólar	le dollar
el efectivo	l'argent liquide
una perra	un sou
una blanca	un sou
financiero	financier
la financiación	le financement
la fortuna	la fortune
el caudal	le capital

el capitalismo	le capitalisme	**lucrativo**	lucratif
los recursos	les ressources	**el fraude**	la fraude
ganar	gagner	**fraudulento**	frauduleux
ahorrar	économiser	**defraudar**	léser
el ahorro	l'épargne	**las utilidades**	les bénéfices
la renta	le revenu	**la hipoteca**	l'hypothèque
deudor	débiteur	**la teneduría de libros**	la comptabilité
el haber	le crédit	**el tenedor**	le comptable
el debe	le débit		
un anticipo	une avance		

Vocabulaire spécialisé

la propiedad	la propriété	**un hombre de dinero**	un riche
pertenecer	appartenir	**al fiado**	à crédit
lo tuyo	ce qui est à toi	**escaso de dinero**	à court d'argent
ser de	appartenir à	**echar a cara y cruz**	tirer à pile ou face
hacer dinero	faire fortune		

Expressions et phrases

la masa monetaria	la masse monétaire
manejar dinero	manipuler des fonds
el desvío de fondos	le détournement de fonds
la fuga de capitales	la fuite des capitaux
declararse en quiebra	se déclarer en faillite
Está arruinado.	Il est ruiné.

LA BANCA — LA BANQUE (institution)

un banco	une banque	**una fianza**	une caution
el banquero	le banquier	**el tomador**	le bénéficiaire
un inversor	un investisseur	**el talonario**	le chéquier
la caja de ahorros	la caisse d'épargne	**el talón**	le chèque
la hucha	la tirelire	**cruzado**	barré
una cuenta corriente	un compte courant	**la tarjeta de crédito**	la carte de crédit
el cuenta correntista	le titulaire d'un compte courant	**un giro**	un virement
una operación correntista	une opération bancaire	**la libreta**	le livret
un cheque sin fondo	un chèque sans provision	**el titular**	le titulaire
el envío de fondos	l'envoi de fonds	**el firmante**	le signataire
el cobro	l'encaissement	**el cajero automático**	le guichet automatique
la transferencia	le transfert de fonds	**el saldo**	le solde
el préstamo	l'emprunt	**la solvencia**	la solvabilité
el prestatario	l'emprunteur	**la insolvencia**	l'insolvabilité
el vencimiento	l'échéance	**el impagador**	le mauvais payeur
vencer	arriver à échéance	**el moroso**	le mauvais payeur
		la caja de caudales	le coffre fort

las medidas de seguridad	les mesures de sécurité	**una clave de identificación**	un code secret

Expressions et phrases

colocar en el banco	placer à la banque
depositar dinero en la cuenta	déposer de l'argent sur son compte
ingresar un cheque	encaisser un chèque
un talón denominado en euros	un chèque libellé en euros
pedir un emprestito	faire un emprunt
solicitar un crédito	demander un crédit
estar en descubierto	être à découvert
endosar un cheque	endosser un chèque
acusar recibo	accuser réception
pedir un anticipo	demander une avance
girar a cargo de alguien	débiter le compte de quelqu'un
cobrar una comisión	toucher une commission
No puede pagar al contado.	Il ne peut pas payer comptant.
Lo compró a plazos.	Il l'a acheté à crédit.
Saca un interés del 4%.	Il en tire un intérêt de 4 %.

LA BOLSA — LA BOURSE

bursátil	boursier	**la colocación**	le placement
bolsista	boursier	**la acción**	l'action
el corredor	le courtier	**el accionista**	l'actionnaire
la cotización	la cotation	**la especulación**	la spéculation
cotizar	coter	**amortizar**	amortir
alcista	qui a tendance à la hausse	**la amortización**	l'amortissement
		a plazos	à terme
bajista	qui a tendance à la baisse	**al contado**	au comptant
		la renta fija	le revenu fixe
el alza (las alzas)	la hausse	**los tipos de interés**	les taux d'intérêt
la baja	la baisse		

Expressions et phrases

el repunte alcista de las cotizaciones	la hausse des cours
Hay que saber correr riesgos.	Il faut savoir prendre des risques.
Todo está bajo mínimo.	Tout est au plus bas.

HACIENDA — LE MINISTÈRE DE L'ÉCONOMIE ET DES FINANCES

el erario	le trésor public	**la Moneda Única**	la Monnaie Unique
la tesorería	la trésorerie	**el monopolio estatal**	le monopole d'État
las arcas (el arca)	les caisses de l'État		
el presupuesto	le budget	**la aduana**	la douane
presupuestario	budgétaire	**la Dirección General de Aduanas**	le Service des Douanes
la política monetaria	la politique monétaire	**el aduanero**	le douanier

EL IMPUESTO		L'IMPÔT	
imponer	imposer	**no imponible**	non imposable
el fisco	le fisc	**la exención fiscal**	l'exemption d'impôt
la fiscalidad	la fiscalité	**exento**	exempté
los impuestos directos	les impôts directs	**recaudar**	percevoir
		el recaudador	le percepteur
los impuestos	les impôts indirects	**la recaudación**	le recette
un gravamen (gravámenes)	une charge	**la tasa**	la taxe
		el arancel	le droit de douane
los cargos	les charges	**el proteccionismo**	le protectionnisme
la declaración fiscal	la déclaration d'impôts	**IVA incluido**	TVA comprise

Expressions et phrases

poner a buen recaudo	mettre en lieu sûr
dejar al mayor postor	céder au plus offrant
No es oro todo lo que reluce.	Tout ce qui brille n'est pas or.

28. LA INDUSTRIA — L'INDUSTRIE

Vocabulaire général

el INI (Instituto Nacional de Industria)	l'Office National de l'Industrie	**abonarse**	louer un emplacement
		una factoría	une usine
industrial	industriel	**elaborar**	élaborer
industrializar	industrialiser	**la elaboración**	l'élaboration
la industrialización	l'industrialisation	**la reconversión**	la reconversion
un área fabril	une zone industrielle	**un plan**	un plan
		una patente	un brevet

LAS INDUSTRIAS BÁSICAS		LES INDUSTRIES DE BASE	
la siderurgia	la sidérurgie	**un tubo de acero**	un tube en acier
siderúrgico	sidérurgique	**las chapas**	les tôles
una planta siderúrgica	une usine sidérurgique	**la industria química**	l'industrie chimique
el tratamiento	le traitement	**el amoníaco**	l'ammoniaque
soldar	souder	**el plástico**	le plastique
la soldadura	la soudure	**el caucho**	le caoutchouc
los altos hornos	les hauts fourneaux	**los abonos**	les engrais
el acero	l'acier		

un complejo petroquímico	un complexe pétrochimique
el cemento	le ciment
una fábrica de cemento	une cimenterie

Expressions et phrases

llevar a pulso	porter à bout de bras
inyectar millones	injecter des millions
reactivar un sector	relancer un secteur
ensanchar las instalaciones	s'agrandir
contemplar una reconversión	envisager une reconversion
arrimar el hombro	épauler
Es un sector dinámico.	C'est un secteur dynamique.

LAS INDUSTRIAS DE TRANSFORMACIÓN

LES INDUSTRIES DE TRANSFORMATION

la metalurgía	la métallurgie
metalúrgico	métallurgique
una rama	une branche
los vehículos utilitarios	les véhicules utilitaires
la construcción naval	la construction navale
un astillero	un chantier naval
el tonelaje	le tonnage
un naviero	un armateur
un petrolero	un pétrolier
las obras públicas	les travaux publics

Expressions et phrases

botar un barco	lancer un navire
el volumen de botaduras	le volume de lancement
la flota mercante	la flotte marchande
la cuna de la construcción naval	le berceau de la construction navale

LA INDUSTRIA TEXTIL

L'INDUSTRIE TEXTILE

la lana	la laine
la seda	la soie
el algodón	le coton
la industria peletera	l'industrie des peaux
los tejidos artificiales	les tissus synthétiques
las fibras sintéticas	les fibres synthétiques
un telar	un métier à tisser
tejer	tisser
hilar	filer
la industria automovilística	l'industrie automobile
un modelo	un modèle
la concepción	la conception
el diseño	le dessin
ensamblar	assembler
montar	monter

Expressions et phrases

sortear la crisis	franchir la crise
superar las dificultades	surmonter les difficultés
resistir la competencia	résister à la concurrence
hallar otras fuentes de recursos	trouver d'autres sources de rentabilité

EL SECTOR MADERERO — LE SECTEUR DU BOIS

la industria del papel	l'industrie du papier
el serrín	la sciure de bois
la corteza de pino	l'écorce de pin
la pasta de papel	la pâte à papier
una papelera	une papeterie
un papelero	un papetier
la industria farmaceútica	l'industrie pharmaceutique
un laboratorio	un laboratoire

LA INDUSTRIA ALIMENTARIA — L'INDUSTRIE ALIMENTAIRE

un producto alimenticio	un produit alimentaire
un grupo alimentario	un groupe alimentaire
una lata	une boîte de conserve
enlatar	mettre en boîte
los productos lácteos	les produits laitiers
las pastas	les pâtes alimentaires
las cervezas	les bières
los platos cocinados	les plats cuisinés
las aguas minerales	les eaux minérales
los productos congelados	le surgelé
el vidrio	le verre

LA EVOLUCIÓN INDUSTRIAL — L'ÉVOLUTION INDUSTRIELLE

la modernización	la modernisation
la mecanización	la mécanisation
la automatización	l'automatisation
la robotización	la robotisation
un robot	un robot
robotizar	robotiser
la diversificación	la diversification
la reconversión	la reconversion
la deslocalización	la délocalisation
los residuos tóxicos	les résidus toxiques
residual	résiduel
los subproductos	les sous produits

Expressions et phrases

la cadena de montaje	la chaîne de montage
fabricar en serie	fabriquer en série
la labor mecánica	le travail mécanique
una gama de productos	une gamme de produits
una serie limitada	une série limitée
alcanzar las cotas de calidad	atteindre le niveau de qualité
dar salida a los residuos	évacuer les déchets

29. ENERGÍA Y MATERIAS PRIMAS
ÉNERGIE ET MATIÈRES PREMIÈRES

Vocabulaire général

LA ENERGÍA	L'ÉNERGIE
los recursos	les ressources
una energía primaria	une énergie primaire
una fuente energética	une source d'énergie
una fuerza	une force
la potencia	la puissance
el agua	l'eau
el viento	le vent
potente	puissant
explotar	exploiter
la copia	l'abondance
agotar	épuiser
la escasez	le manque
la penuria	la pénurie
no renovable	non renouvelable
reciclar	recycler
la fuerza motriz	la force motrice
hidráulico	hydraulique
eólico	éolien
solar	solaire
nuclear	nucléaire
geotérmico	géothermique
atómico	atomique

EL SISTEMA HIDROELÉCTRICO	LE SYSTÈME HYDROÉLECTRIQUE
una presa	un barrage
un embalse	un lac de barrage
la electricidad	l'électricité
la red eléctrica	le réseau électrique
un tendido	une ligne
la intensidad	l'intensité
la corriente	le courant
una bombilla	une ampoule électrique
un corte de luz	une coupure de courant
un apagón	une panne de courant
electrocutar	électrocuter

LO NUCLEAR	LE NUCLÉAIRE
el atomo	l'atome
el núcleo	le noyau
una central nuclear	une centrale nucléaire
un reactor	un réacteur
la radiactividad	la radioactivité
radiactivo	radioactif
el desguace	le démontage d'une centrale
desguazar	démonter

EL PETRÓLEO	LE PÉTROLE
el crudo	le pétrole brut
los hidrocarburos	les hydrocarbures
un carburante	un carburant
un combustible	un combustible
la plataforma	la plate-forme de forage
refinar	raffiner
el refino	le raffinage
una refinería	une raffinerie
un oleoducto	un oléoduc
un tanque	une citerne
la gasolina	l'essence
el fuel	le fuel
el gasóleo	le gasoil
un barril	un baril
un país productor	un pays producteur
el precio del crudo	le prix du brut
abastecer	approvisionner
la crisis del petróleo	la crise du pétrole

el gas natural	le gaz naturel	**una bombona**	une bonbonne de gaz
el butano	le butane	**un gasoducto**	un gazoduc

Expressions et phrases

un plan energético	un plan énergétique
diversificar las fuentes de energía	diversifier les sources d'énergie
las tarifas energéticas	les tarifs de l'énergie
la factura energética	la facture énergétique
la dependencia energética	la dépendance énergétique
Hace falta reducir la demanda.	Il faut réduire la demande.
Dista mucho de satisfacer la demanda nacional.	On est loin de satisfaire la demande nationale.
un país deficitario	un pays déficitaire

LAS MATERIAS PRIMAS — LES MATIÈRES PREMIÈRES

el suelo	le sol	**la plata**	l'argent
el subsuelo	le sous-sol	**la bauxita**	la bauxite
la minería	les mines	**la cuenca minera**	le bassin minier
un mineral	un minerai	**la cuenca hullera**	le bassin houiller
el hierro	le fer	**la mina**	la mine
el cinc	le zinc	**un pozo**	un puits
el plomo	le plomb	**una galería**	une galerie
el estaño	l'étain	**el minero**	le mineur
el potasio	le potassium	**el grisú**	le grisou
el uranio	l'uranium	**los desechos**	les déchets
el mercurio	le mercure	**la extracción**	l'extraction
el azufre	le soufre	**extraer**	extraire
el cobre	le cuivre	**el carbón**	le charbon
el bronce	le bronze	**la antracita**	l'anthracite
el latón	le laiton		

LA PIEDRA — LA PIERRE

una cantera	une carrière	**el alabastro**	l'albâtre
el canto	la pierre	**la madera**	le bois
el granito	le granit	**la leña**	le bois de chauffage
el mármol	le marbre	**el carbón de leña**	le charbon de bois

Expressions et phrases

cerrar la mina	fermer la mine
Cerraron uno de cada tres pozos.	On a fermé un puits sur trois.
una región deprimida	une région déprimée
La extracción resulta costosa.	L'extraction revient très cher.
El carbón sigue siendo de tan mala calidad.	Le charbon est toujours d'aussi mauvaise qualité.
Es un trabajo penoso e insalubre.	C'est un travail pénible et insalubre.

30. LA AGRICULTURA — L'AGRICULTURE

EL HOMBRE Y LA TIERRA — L'HOMME ET LA TERRE

agrícola	agricole	**el terrateniente**	le propriétaire terrien
rural	rural	**la tierra**	la terre
agrario	agraire	**fértil**	fertile
un agricultor	un agriculteur	**la llanura**	la plaine
un labrador	un cultivateur	**la vega**	la vallée fertile
el labriego	le paysan	**la huerta**	la plaine irriguée
un agrónomo	un agronome	**el campo**	le champ
una explotación	une exploitation	**una hectárea**	un hectare
una finca	un domaine	**un área**	un are
un latifundio	une grande propriété	**una parcela**	un petit terrain
un minifundio	une petite propriété	**arrendar la tierra**	louer la terre
el latifundista	le grand propriétaire	**el arrendador**	le fermier
el minifundista	le petit propriétaire	**el jornalero**	l'ouvrier agricole

LOS CULTIVOS — LES CULTURES

cultivar	cultiver	**el girasol**	le tournesol
el monocultivo	la monoculture	**la colza**	le colza
el policultivo	la polyculture	**el haba de soja**	la graine de soja
intensivo	intensif	**el olivo**	l'olivier
extensivo	extensif	**la vid**	la vigne
los cereales	les céréales	**los agrios**	les agrumes
el trigo	le blé	**los cítricos**	les agrumes
la harina	la farine	**los frutales**	les arbres fruitiers
el salvado	le son (de blé)	**las hortalizas hortícolas**	les cultures maraîchères horticoles
el maíz	le maïs		
el centeno	le seigle	**la caña de azúcar**	la canne à sucre
la cebada	l'orge	**el café**	le café
la avena	l'avoine	**la remolacha azucarera**	la betterave à sucre
el arroz	le riz		
las oleaginosas	les oléagineux		

LOS CULTIVOS INDUSTRIALES — LES CULTURES INDUSTRIELLES

el tabaco	le tabac	**el forraje**	le fourrage
el algodón	le coton	**el trébol**	le trèfle
la morera	le mûrier	**la alfalfa**	la luzerne
el eucalipto	l'eucalyptus	**el heno**	le foin
el alcornoque	le chêne liège	**la paja**	la paille
el corcho	le liège	**el rastrojo**	le chaume

EL MATERIAL AGRÍCOLA — LE MATÉRIEL AGRICOLE

el carro	la charrette	**la horca**	la fourche
los aperos	les outils	**el rastrillo**	le râteau
el arado	la charrue	**la podadora**	le sécateur
la guadaña	la faux	**la binadera**	la binette
la hoz	la faucille	**el pico**	la pioche

la pala	la pelle	**la segadora gavilladora**	la moissonneuse batteuse lieuse
el tractor	le tracteur	**el lagar**	le pressoir à raisins
la segadora trilladora	la moissonneuse batteuse	**la almazara**	le moulin à huile
		la rueda	la meule de moulin

Vocabulaire spécialisé

el trigal	le champ de blé	**un naranjal**	une orangeraie
el maizal	le champ de maïs	**un viñedo**	un vignoble
un arrozal	une rizière	**una viña**	une vigne
un olivar	une oliveraie		

LAS FAENAS DEL CAMPO — LES TRAVAUX DES CHAMPS

roturar	défricher	**plantar**	planter
arar	labourer	**un herbicida**	un herbicide
labrar	labourer	**un pesticida**	un pesticide
revolver la tierra	retourner la terre	**segar**	faucher
la labranza	les labours	**recoger**	recueillir
el surco	le sillon	**cosechar**	récolter
sembrar	semer	**la cosecha**	la récolte
el grano	le grain	**la recolección**	la cueillette
la simienta	la semence	**la mies**	la moisson
un sembrado	un semis	**el almiar**	la meule de paille
un invernadero	une serre	**la vendimia**	la vendange
abonar	mettre de l'engrais	**el vendimiador**	le vendangeur
el abono	l'engrais	**la crianza**	la cuvée
el estiércol	le fumier	**talar**	abattre
el compost	le compost	**cortar**	couper
un estercolero	un tas de fumier	**podar**	tailler
fertilizar	fertiliser	**moler el trigo**	moudre le blé
un fertilizante	un fertilisant		

Expressions et phrases

una tierra sin roturar	une terre en friche
un cultivo en arena	une culture dans le sable
vivir del agro	vivre de la terre
trabajar de sol a sol	travailler du lever du jour au crépuscule
rotar continuamente los cultivos	assurer une continuelle rotation des cultures
No toman el relevo	Ils ne prennent pas la relève.
El cultivo del olivo se lleva la palma.	La culture de l'olivier l'emporte.
tierras de pan llevar	des terres à blé
¡Ojalá no caiga el granizo!	Pourvu qu'il ne grêle pas !
Una helada lo puede destruir todo.	Une gelée peut tout détruire.
Eso es harina de otro costal.	C'est une autre histoire.

LA ESPECIALIZACIÓN / LA SPÉCIALISATION

el aceitunero	le cueilleur d'olives
el horticultor	l'horticulteur
un aserrador	un propriétaire de scierie
el maderero	l'exploitant de bois
el viticultor	le viticulteur
el vitivinicultor	le viticulteur producteur

LA GANADERÍA / L'ÉLEVAGE

la cría	l'élevage
criar	élever
el ganadero	l'éleveur
una ganadería	un élevage
una ganadería brava	un élevage de taureaux
la cabaña	le cheptel
el ganado mayor	le gros bétail
el ganado menor	le petit bétail
una res	une tête de bétail
el caballo	le cheval
la vaca lechera	la vache laitière
el buey	le bœuf
el toro de lidia	le taureau de combat
el cerdo	le porc
la oveja	le mouton
el cordero	l'agneau
la cabra	la chèvre
el cabrito	le chevreau
las aves del corral	la volaille
la avicultura	l'aviculture
el avicultor	l'aviculteur
la oca	l'oie
el ganso	l'oie
el pato	le canard
el gallo	le coq
la gallina	la poule
un pollo	un poulet
un polluelo	un poussin
la gallina de Guinea	la pintade
el pavo	la dinde
el conejo	le lapin
las abejas	les abeilles
la miel	le miel
el gusano de seda	le ver à soie
la dehesa	le pâturage
la pradera	la prairie
el prado	le pré
el pasto	le pâture
pastorear	mener paître
pacer	paître
apacentar	faire paître
el pastor	le berger
la cuadra	l'étable
el establo	l'étable
el pesebre	la mangeoire
la caballeriza	l'écurie
el redil	la bergerie
la porqueriza	la porcherie
el gallinero	le poulailler
la conejera	le clapier
poner	pondre
la puesta	la ponte
salir del cascarón	éclore
la clueca	la couveuse

EL TRABAJO DEL GANADERO / LE TRAVAIL DE L'ÉLEVEUR

dar de comer	nourrir
vacunar	vacciner
acudir al veterinario	faire appel au vétérinaire
ordeñar	traire
trasquilar	tondre
la feria ganadera	la foire agricole
llevar al matadero	emmener à l'abattoir
la transhumancia	la transhumance

Expressions et phrases

Se compagina el cultivo con la ganadería.	La culture complète l'élevage.
Es una actividad esclava.	C'est une activité contraignante.
Ir por lana y volver trasquilado.	Tel est pris qui croyait prendre.

Vocabulaire spécialisé

la grey	le bétail
el hato	le troupeau
un rebaño de ovejas	un troupeau de moutons
una manada de cabras	un troupeau de chèvres
una piara de cerdos	un troupeau de cochons

EL AGUA	L'EAU
tierras de secano	des terres non irriguées
tierras de regadío	des terres irriguées
el riego	l'irrigation
regar	irriguer, arroser
la conducción de agua	l'adduction d'eau
un pozo	un puits
un canal	un canal
una acequia	un petit canal d'irrigation
una compuerta	une vanne
el reparto del agua	le partage de l'eau
el riego por goteo	l'arrosage goutte à goutte

LA POLÍTICA AGRÍCOLA	LA POLITIQUE AGRICOLE
la PAC (Política Agraria Comunitaria)	la PAC (Politique Agricole Commune)
la renta agraria	le revenu agricole
la superproducción	la surproduction
las cuotas de producción	les quotas
los fondos de compensación	les fonds compensatoires
el rendimiento	le rendement
una cooperativa	une coopérative
la desagrarización	l'abandon des cultures
la desertización	la désertification
el arranque	l'arrachage
la rabia	la rage
la tuberculosis	la tuberculose

LA PESCA	LA PÊCHE
un pescador	un pêcheur
un barco pesquero	un bateau de pêche
faenar	pêcher
la red	le filet
la flota de arrastre	la flotte de chalutiers
un caladero	un lieu de pêche
las mallas	les mailles du filet
los sedales	les lignes
la pesca de bajura	la pêche côtière
la pesca de altura	la pêche hauturière
la captura	la prise
una milla	un mille marin
la piscicultura	la pisciculture
una piscifactoría	un élevage de poissons
la acuicultura	l'aquaculture
el salmón	le saumon
la trucha	la truite
el esturión	l'esturgeon

Expressions et phrases

renovar las licencias de pesca	renouveler les licences de pêche
no salir de las aguas territoriales	ne pas sortir des eaux territoriales
dejar los inmaduros	laisser vivre les poissons trop petits
apresar barcos	arraisonner des bateaux

VII. LAS CIENCIAS Y LAS ARTES

31. NÚMEROS, PESOS Y MEDIDAS
NOMBRES, POIDS ET MESURES

LOS NÚMEROS	LES NOMBRES
cero	zéro
uno	un
dos	deux
tres	trois
cuatro	quatre
cinco	cinq
seis	six
siete	sept
ocho	huit
nueve	neuf
diez	dix
once	onze
doce	douze
trece	treize
catorce	quatorze
quince	quinze
dieciséis	seize
diecisiete	dix-sept
dieciocho	dix-huit
diecinueve	dix-neuf
veinte	vingt
veintiuno	vingt et un
veintidós	vingt-deux
treinta	trente
treinta y uno	trente et un
cuarenta	quarante
cincuenta	cinquante
sesenta	soixante
setenta	soixante-dix
ochenta	quatre-vingt
noventa	quatre-vingt-dix
ciento	cent
ciento uno	cent un
ciento diez	cent dix
doscientos	deux cents
trescientos	trois cents
cuatrocientos	quatre cents
quinientos	cinq cents
seiscientos	six cents
setecientos	sept cents
ochocientos	huit cents
novecientos	neuf cents
mil	mille
dos mil	deux mille
un millón	un million

LOS NÚMEROS ORDINALES	LES NOMBRES ORDINAUX
primero	premier
segundo	second
tercero	troisième
cuarto	quatrième
quinto	cinquième
sexto	sixième
séptimo	septième
octavo	huitième
noveno	neuvième
décimo	dixième
undécimo	onzième
duodécimo	douzième
vigésimo	vingtième
centésimo	centième
milésimo	millième
último	dernier
postrero	dernier
penúltimo	avant-dernier
antepenúltimo	antépénultième
contar	compter
restar	soustraire
multiplicar	multiplier
dividir	diviser
una décima	un dixième
el cálculo	le calcul
la cuenta	le compte
una cifra	un chiffre
par	pair

impar impair
el total le total
la suma la somme
la tercera parte le tiers
la vigésima parte le vingtième
las dos terceras partes les deux tiers

LAS CANTIDADES

LES QUANTITÉS

un par une paire
una docena une douzaine
un centenar une centaine
cientos de des centaines
un millar un millier
miles de des milliers
mil millones un milliard
la mar de énormément
un puñado une poignée
un manojo un tas
un montón un tas
escaso rare
nulo nul
copioso abondant
la cabida la contenance
caber tenir, être contenu
bastante assez
suficiente suffisant
demasiado trop
insuficiente insuffisant
satisfactorio satisfaisant
varios plusieurs
contados réduits
sobrar être en trop
estar de más être de reste
faltar manquer
nada rien
mínimo minimum
máximo maximum
un poco un peu
algo un peu

Expressions et phrases

Felipe II (Segundo) Philippe II
Alfonso XIII (Trece) Alphonse XIII
a lo sumo tout au plus
cuando más tout au plus
cuando menos tout au moins
por lo menos au moins
unos pocos quelques rares
a montones à foison
¿Un poco más? No, no quiero más. Un peu plus ? Non, je n'en veux plus.
Demasiadas veces lo olvido. Je l'oublie trop souvent.
Una de cada cuatro personas no lo desea. Une personne sur quatre ne le désire pas.
Los hay que no quieren venir. Il y en a qui ne veulent pas venir.
un ajuste de cuentas un règlement de comptes
a más no poder au possible
a cual más à qui mieux-mieux
Se valora en diez mil pesetas. Il est évalué à dix mille pesetas.
Aumentó en un 4%. Cela a augmenté de 4 %.
No es eficaz al cien por cien. Ce n'est pas efficace à cent pour cent.

LAS FORMAS

LES FORMES

un triángulo un triangle
triangular triangulaire
un rectángulo un rectangle
rectangular rectangulaire
ovalado ovale
un círculo un cercle
circular circulaire
un cilindro un cylindre
cilíndrico cylindrique
redondo rond

un redondel	un rond	**cuadrangular**	quadrangulaire
un cuadrado	un carré	**cuadriculado**	quadrillé

EL TAMAÑO — LA TAILLE

alto	haut	**desmesurado**	démesuré
bajo	bas	**la estrechez**	la pauvreté
ancho	large	**la angostura**	l'étroitesse
estrecho	étroit	**la talla**	la taille
angosto	très étroit	**la magnitud**	l'ampleur
la altura	la hauteur	**el metro**	le mètre
la anchura	la largeur	**el centímetro**	le centimètre
enorme	énorme	**el decímetro**	le décimètre
colosal	colossal	**el calibre**	le calibre
gigantesco	gigantesque		

EL PESO — LE POIDS

pesar	peser	**leve**	léger
la balanza	la balance	**pesado**	lourd
un gramo	un gramme	**dispar**	inégal
un cuarto	un quart	**el volumen (volúmenes)**	le volume
una libra	une livre		
medio kilo	une livre	**un litro**	un litre
un kilo	un kilo	**un hectólitro**	un hectolitre
un quintal	un quintal	**un decílitro**	un décilitre
una tonelada	une tonne	**un metro cúbico**	un mètre cube
ligero	léger		

LA SUPERFICIE — LA SURFACE

el área	l'are	**la mayor parte**	la plupart
la hectárea	l'hectare	**partir**	partager
un metro cuadrado	un mètre carré	**repartir**	répartir
la mitad	la moitié	**el reparto**	le partage

Expressions et phrases

tomar las medidas	prendre les mesures
palmo a palmo	d'un bout à l'autre
un vaso mediado	un verre à demi plein
a mediados del camino	à mi-chemin
a mediados del invierno	vers la moitié de l'hiver
a menos de un kilómetro	à moins d'un kilomètre
Va a diez kilómetro.	Il va à dix kilomètres.
Vive a veinte kilómetros.	Il habite à vingt kilomètres.
a media altura	à mi-hauteur
a estas alturas	en ce moment
a la altura de las circunstancias	à la hauteur des circonstances
los demás	les autres
además	en outre
de más está decir	inutile de dire
No pasan de seis.	Ils ne sont pas plus de six.

en la medida de lo posible	dans la mesure du possible
comprar a peso de oro	acheter à prix d'or
Es un argumento de peso.	C'est un argument de poids.
Las dos ciudades distan de 60 kilómetros.	Les deux villes sont éloignées de 60 kilomètres.

32. LAS CIENCIAS — LES SCIENCES

Vocabulaire général

el saber	le savoir	**teórico**	théorique
un sabio	un savant	**una hipótesis**	une hypothèse
el científico	le scientifique	**hipotético**	hypothétique
lo desconocido	l'inconnu	**aleatorio**	aléatoire
el descono cimiento	la méconnaissance	**el origen (orígenes)**	l'origine
		el parámetro	le paramètre
la ignorancia	l'ignorance	**empírico**	empirique
ignorante	ignorant	**la práctica**	la pratique
la investigación	la recherche	**aplicar**	appliquer
el investigador	le chercheur	**una aplicación**	une application
el cuestionamiento	la mise en question	**perfeccionar**	perfectionner
buscar	chercher	**utilizar**	utiliser
explorar	explorer	**generalizar**	généraliser
indagar	rechercher	**vulgarizar**	vulgariser
examinar	examiner	**inventar**	inventer
experimentar	expérimenter	**idear**	imaginer
concebir	concevoir	**un invento**	une invention
detectar	détecter	**el inventor**	l'inventeur
hallar	trouver	**innovar**	innover
acertar	réussir	**la innovación**	l'innovation
probar	prouver, mettre à l'épreuve	**un descubridor**	un découvreur
		un experto	un expert
ensayar	faire un essai	**un hallazgo**	une trouvaille
un prototipo	un prototype	**el progreso**	le progrès
un experimento	une expérience scientifique	**un retroceso**	un recul
		un fallo	une erreur
experimental	expérimental	**un fracaso**	un échec
la teoría	la théorie	**concluir**	conclure

Expressions et phrases

Es tierra incógnita.	C'est un terrain inconnu.
la investigación fundamental	la recherche fondamentale

una experiencia inédita	une expérience inédite
dar pasos de gigante	faire des pas de géant
Fue un fracaso rotundo.	Ce fut un échec retentissant.
hacer tabla rasa	faire table rase
descartar una hipótesis	écarter une hypothèse
un equipo de investigadores	une équipe de chercheurs
un estudio previo	une étude préalable
alcanzar la meta	toucher au but
proseguir sus investigaciones	poursuivre ses recherches

LA FÍSICA — LA PHYSIQUE

un físico	un physicien
el equilibrio	l'équilibre
la densidad	la densité
la masa	la masse
la materia	la matière
la presión	la pression
la tensión	la tension
la temperatura	la température
el grado	le degré
el nivel	le niveau
la velocidad	la vitesse
la atracción terrestre	l'attraction terrestre
el centro de	le centre de gravité
los efectos	les effets
el imán (imanes)	l'aimant
la piedra imán	l'aimant
el polo	le pôle
la brújula	la boussole
la óptica	l'optique
una lente	une lentille
una óptica	un objectif
un rayo	un rayon
los rayos X	les rayons X
los rayos infrarrojos	les rayons infrarouges
el rayo láser	le rayon laser
la acústica	l'acoustique
la relatividad	la relativité
la fusión	la fusion
la resistencia	la résistance
la velocidad de la luz	la vitesse de la lumière
la velocidad del sonido	la vitesse du son
supersónico	supersonique
la electrónica	l'électronique
la mecánica	la mécanique
un mecanismo	un mécanisme

Expressions et phrases

las leyes naturales	les lois naturelles
abrir las puertas de un nuevo sistema	ouvrir la voie à un nouveau système
Está a años luz de la verdad.	Il est à des années lumière de la vérité.
No existe la menor base científica.	Il n'y a pas la moindre base scientifique.
Tuvo un impacto enorme.	Cela a eu un impact énorme.
las novísimas técnicas	les techniques ultramodernes
llevar a cabo	mener à bien
poner a punto	mettre au point
Resulta difícil averiguar.	C'est difficile de vérifier.
El invento se ha vuelto en contra nuestra.	L'invention s'est retournée contre nous.

LA QUÍMICA — LA CHIMIE

el químico	le chimiste
la química orgánica	la chimie organique
el laboratorio	le laboratoire
una muestra	un échantillon
la sustancia	la substance
un gas	un gaz
un líquido	un liquide
un fluido	un fluide

el hidrógeno	l'hydrogène	**un símbolo**	un symbole
el oxígeno	l'oxygène	**una fórmula**	une formule
el nitrógeno	l'azote	**mezclar**	mélanger
el cloro	le chlore	**calentar**	chauffer
el azufre	le soufre	**diluir**	diluer
el sodio	le sodium	**modificar**	modifier
el iodo	l'iode	**disolver**	dissoudre
el fósforo	le phosphore	**descomponer**	décomposer
el óxido de carbono	l'oxyde de carbone	**la síntesis**	la synthèse

Expressions et phrases

Toma mal cariz.	Cela prend mauvaise tournure.
dar en el blanco	viser juste
Debería hacer más libre al hombre.	Cela devrait rendre l'homme plus libre.
A no ser que se utilice mal.	À moins qu'on l'utilise mal.

LAS MATEMÁTICAS — LES MATHÉMATIQUES

el matemático	le mathématicien	**el cuadrado**	le carré
demostrar	démontrer	**horizontal**	horizontal
una demostración	une démonstration	**vertical**	vertical
un teorema	un théorème	**oblicuo**	oblique
un corolario	un corollaire	**la diagonal**	la diagonale
la deducción	la déduction	**un triángulo**	un triangle
la geometría	la géométrie	**calcular**	calculer
la figura	la figure	**duplicar**	doubler
un ángulo	un angle	**triplicar**	tripler
la circunferencia	la circonférence	**una calculadora**	une calculatrice
el círculo	le cercle		

LA BIOLOGÍA — LA BIOLOGIE

biológico	biologique	**el embrión**	l'embryon
un biólogo	un biologiste	**gestar**	concevoir
el reino animal	le règne animal	**la gestación**	la gestation
la fauna	la faune	**la evolución**	l'évolution
la especie	l'espèce	**el determinismo**	le déterminisme
el género	le genre	**la clonación**	le clonage
una bacteria	une bactérie	**diseccionar**	disséquer
la célula	la cellule	**condicionar**	conditionner
genético	génétique	**un reflejo condicionado**	un réflexe conditionné
un factor de desarrollo	un facteur de développement	**transmitir**	transmettre
reproducirse	se reproduire	**heredar**	hériter

Expressions et phrases

la fecundación in vitro	la fécondation in vitro
Conlleva consecuencias negativas.	Cela entraîne des conséquences négatives.
Supone una reflexión ética.	Cela suppose une réflexion éthique.
un estudio pionero con ratones	une étude expérimentale sur des souris
tomarle a uno de conejillo de Indias	prendre quelqu'un comme cobaye
el aprendiz de brujo	l'apprenti sorcier

LA BOTÁNICA — LA BOTANIQUE

un botánico	un botaniste
el germen (gérmenes)	le germe
germinar	germer
el retoño	la pousse
la yema	le bourgeon
la simiente	la semence
clasificar	classer
agrupar	regrouper
la flor	la fleur
florecer	fleurir

LA ASTRONOMÍA — L'ASTRONOMIE

el astrónomo	l'astronome
el observatorio	l'observatoire
el espacio	l'espace
el telescopio	le télescope
un astro	un astre
un cometa	une comète
el firmamento	le firmament
la bóveda celestial	la voûte céleste
el sistema solar	le système solaire
una constelación	une constellation
una estrella	une étoile
la luna	la lune
una estrella fugaz	une étoile filante
un satélite	un satellite
la órbita	l'orbite
la galaxia	la galaxie
la revolución	la révolution
la rotación	la rotation
girar	tourner
el cenit	le zénith
lunar	lunaire

Expressions et phrases

la vía láctea	la voie lactée
Todo eso es música celestial.	Tout ça, c'est du vent.

LA ASTRONÁUTICA — L'ASTRONAUTIQUE

el astronauta	l'astronaute
la exploración espacial	l'exploration spatiale
la odisea espacial	l'odyssée de l'espace
aeroespacial	aérospatial
un satélite	un satellite
la nave espacial	la navette spatiale
el transbordador	la navette
lanzar	lancer
el lanzamiento	le lancement
extraterrestre	extraterrestre
un ovni	un ovni
un platillo volante	une soucoupe volante
Marte	Mars
Júpiter	Jupiter
una sonda espacial	une sonde spatiale
el cosmos	le cosmos
cósmico	cosmique

33. LAS ARTES — LES ARTS

Vocabulaire général

el arte	l'art
el artista	l'artiste
artístico	artistique
la estética	l'esthétique
estético	esthétique
las Bellas Artes	les Beaux Arts
la obra	l'œuvre
la obra maestra	le chef dœuvre
el talento	le talent
las artes plásticas	les arts plastiques
el arte abstracto	l'art abstrait
el arte figurativo	l'art figuratif
una corriente artística	un courant artistique
el buen gusto	le bon goût
el mal gusto	le mauvais goût
armonizar	harmoniser
convencional	conventionnel
un aficionado	un amateur
un profano	un profane
un crítico	un critique
el estilo	le style
estilístico	stylistique
crear	créer
acabar	achever
adornar	orner
decorar	décorer
una exposición	une exposition
una galería	une galerie
un museo	un musée

LA PINTURA — LA PEINTURE

un cuadro	un tableau
un lienzo	une toile
un estudio	une étude
el pintor	le peintre
pintar	peindre
bosquejar	esquisser
un bosquejo	une esquisse
el trazado	le tracé
trazar	tracer
el esquema	le schéma
el fondo	le fond
el contorno	le contour
el pincel	le pinceau
una pincelada	un coup de pinceau
la paleta	la palette
el toque	la touche
la perspectiva	la perspective
el matiz	la nuance
el color	la couleur
el colorido	la teinte
el tinte	la teinte
los colores primarios	les couleurs primaires
la acuarela	l'aquarelle
la aguada	la gouache
el óleo	la peinture à l'huile
el caballete	le chevalet
un paisaje	un paysage
un retrato	un portrait
el retratista	le portraitiste
un autorretrato	un auto-portrait
un bodegón	une nature morte
un desnudo	un nu
un modelo	un modèle
la luminosidad	la luminosité
un claroscuro	un clair obscure
pictórico	pictural
un fresco	une fresque

Vocabulaire spécialisé

rojo	rouge
rojizo	rougeâtre
colorado	rouge
carmín	carmin
bermellón	vermillon
amarillo	jaune

amarillento	jaunâtre	**verde esmeralda**	vert émeraude
ocre	ocre	**verdinegro**	vert foncé
beige	beige	**verdemar**	vert océan
negro	noir	**rosa**	rose
negruzco	noirâtre	**rosado**	rose
gris	gris	**marrón**	marron
grisáceo	grisâtre	**pardo**	brun
azul	bleu	**anaranjado**	orange
azulado	bleuté	**violeta**	violet
azulino	bleuté	**púrpura**	pourpre
blanco	blanc	**oscuro**	sombre
blancuzco	blanchâtre	**claro**	clair
verde	vert		

EL DIBUJO — LE DESSIN

un dibujante	un dessinateur	**el aguafuerte**	l'eau forte
un ilustrador	un illustrateur	**un aguatinta**	une gravure à l'eau-forte
la ilustración publicitaria	le dessin publicitaire	**la litografía**	la lithographie
una diseñadora de moda	une styliste	**el grabado**	la gravure
		una estampa	une estampe
el tablero de dibujo	la planche à dessin	**la iconografía**	l'iconographie
el grafismo	le graphisme	**un icono**	une icône
un tebeo	une bande dessinée	**el anticuario**	l'antiquaire

Expressions et phrases

Es un engaño para el ojo.	C'est un trompe-l'œil.
un motivo omnipresente	un motif omniprésent
Entiende de pintura.	Il s'y connaît en peinture.
Es un artista de elevada cotización.	C'est un artiste très coté.
El precio de salida era muy alto.	Le prix de départ était très élevé.
Es un pintor consagrado.	C'est un peintre consacré.
ejecutar un dibujo	exécuter un dessin
una composición a lápiz	une composition au crayon

LOS ESTILOS — LES STYLES

el clasicismo	le classicisme	**el impresionismo**	l'impressionnisme
lo barroco	le baroque	**el cubismo**	le cubisme

LA ESCULTURA — LA SCULPTURE

el escultor	le sculpteur	**el pedestal**	le piédestal
eculpir	sculpter	**la peana**	le socle
la piedra	la pierre	**el relieve**	le relief
el mármol	le marbre	**el bajorrelieve**	les bas-relief
la arcilla	l'argile	**el cincel**	le ciseau
el marfil	l'ivoire	**cincelar**	ciseler
el yeso	le plâtre	**un escudo**	un écu, un blason
el bronce	le bronze	**el molde**	le moule
una estatua	une statue	**moldear**	modeler

Expressions et phrases

dar forma donner forme
una talla de marfil une sculpture en ivoire
unas vigas esculpidas des poutres sculptées

LA ARQUITECTURA / L'ARCHITECTURE

el arquitecto l'architecte
arquitectural architectural
monumental monumental
un monumento un monument
renovar rénover
restaurar restaurer
un plano un plan
un arco un arc
una arcada une arcade
un portal un portique
el frontón le fronton
la bóveda la voûte
la clave la clef de voûte
una columna une colonne
una moldura une moulure

LA IGLESIA / L'ÉGLISE

la nave la nef
el crucero le transept
la capilla la chapelle
la ábside l'abside
un arbotante un arc-boutant
un contrafuerte un contrefort
la cripta la crypte
una gárgola une gargouille
el campanario le clocher
la catedral la cathédrale
la aguja la flèche
un pilar un pilier
el capitel le chapiteau
el coro le chœur
la vidriera le vitrail
el rosetón la rosace
la ojiva l'ogive
el frontispicio le frontispice
el altar l'autel
el púlpito la chaire
la cúpula la coupole
la yesería la décoration en plâtre
el estuco le stuc

UN CASTILLO / UN CHÂTEAU

una ciudadela une citadelle
una fortaleza une forteresse
un palacio un palais
la torre la tour
el torreón le donjon
un puente levadizo un pont-levis
los soportales les arcades
las murallas les murailles
un baluarte un bastion
un palacio un palais
un tragaluz un soupirail

LOS ESTILOS / LES STYLES

románico roman
gótico gothique
mudéjar musulman sous domination chrétienne
mozárabe chrétien sous domination arabe
renacentista Renaissance
barroco baroque

Expressions et phrases

una casita sobre estacas	une petite maison sur pilotis
Desentona con el casco antiguo.	Cela détonne avec la vielle ville.
Los soportales rodean la Plaza Mayor.	Les arcades entourent la Grand Place.
casas voladas sobre el río	des maisons suspendues au dessus du fleuve

LA ORFEBRERÍA — L'ORFÈVRERIE

un mosaico	une mosaïque
una joya	un bijou
un objeto valioso	un joyau
una piedra preciosa	une pierre précieuse
el diamante	le diamant
el rubí	le rubis
el záfiro	le saphir
la esmeralda	l'émeraude
el topacio	la topaze

LA MÚSICA — LA MUSIQUE

el músico	le musicien
musical	musical
un musicólogo	un musicologue
melómano	mélomane
la música de cámara	la musique de chambre
la música sinfónica	la musique symphonique
un concierto	un concert
un concierto	un concerto
una sonata	une sonate
la filarmonía	la philharmonie
filarmónico	philharmonique
la harmonía	l'harmonie
la orquesta	l'orchestre
la sinfonía	la symphonie
una rapsodia	une rapsodie
un movimiento	un mouvement
la ópera	l'opéra
el coro	le chœur
un salmo	un psaume
el libreto	le livret
la zarzuela	l'opérette
la canción	la chanson
una balada	une ballade
una cantata	une cantate
una canción de cuna	une berceuse
una nana	une berceuse
el canto	le chant
el cante jondo	le chant profond (flamenco)
el cantante	le chanteur
el cantautor	le chanteur compositeur
la coral	la chorale
la voz	la voix
la melodía	la mélodie
la letra	les paroles (d'une chanson)
la copla	le couplet
el estribillo	le refrain
melodioso	mélodieux
componer	composer
el compositor	le compositeur
el jefe de orquesta	le chef d'orchestre
la partitura	la partition
el solista	le soliste
el solfeo	le solfège
la nota	la note
un acorde	un accord
destemplado	désaccordé
desafinado	faux
la opertura	l'ouverture
la gama	la gamme
el ritmo	le rythme
el compás	le rythme
acompasado	rythmé
sonar	résonner
el timbre	le timbre
una voz grave	une voix grave
una voz atiplada	une voix aiguë
barítono	baryton
tenor	ténor
contralto	contralto
tiple	soprano
el acompañamiento	l'accompagnement
el rock	le rock
el folk	le folk
el pop	le pop
el tecno	la techno

Expressions et phrases

al unísono	à l'unisson
llevar el compás	marquer le rythme
llevar la batuta	diriger
sin ton ni son	sans rime ni raison

LOS INSTRUMENTOS — LES INSTRUMENTS

tocar	jouer
el piano	le piano
un pianista	un pianiste
une tecla	une touche
el clavicordio	le clavecin
el violín (violines)	le violon
el violinista	le violoniste
la cuerda	la corde
el arco	l'archet
el violoncelo	le violoncelle
la flauta	la flûte
la flauta travesera	la flûte traversière
el laúd	le luth
la lira	la lyre
el arpa (las arpas)	la harpe
la guitarra	la guitare
puntear	pincer
rasguear	gratter
la trompeta	la trompette
el trombón	le trombone
el oboe	le hautbois
el clarinete	la clarinette
el clarín (clarines)	le clairon
el cuerno	le cor
el órgano	l'orgue
el organillo	l'orgue de barbarie
la armónica	l'harmonica
la gaita	la cornemuse
la pandereta	le tambourin
las castañuelas	les castagnettes
el tambor	le tambour
la batería	la batterie
los platillos	les cymbales
la guitarra acústica	la guitare
un sindetizador	un synthétiseur
el saxófono	le saxophone
el bandoneón	le bandonénon

Expressions et phrases

un piano de cola	un piano à queue
un piano afinado	un piano accordé
un instrumento de cuerdas	un instrument à cordes
un instrumento de viento	un instrument à vent
un instrumento de percusión	un instrument à percussion
el canto del cisne	le chant du cygne

EL TEATRO — LE THÉÂTRE

un anfiteatro	un amphithéâtre
el escenario	la scène du théâtre
las tablas	les planches
los bastidores	les coulisses
el camerino	la loge d'acteur
el telón	le rideau
la tramoya	la machinerie
el tramoyista	le machiniste
el gallinero	le poulailler
un palco	une loge
el proscenio	l'avant-scène
las candilejas	les feux de la rampe
la acomodadora	l'ouvreuse
la escenografía	la mise en scène
montar una obra	monter une pièce
el dramaturgo	le dramaturge
la comedia	la comédie
un acto	un acte
una jornada	un acte
una escena	une scène (dans un acte)
el enredo	l'intrigue

el desenlace	le dénouement	**la función**	la représentation
un quiproquo	un quiproquo	**ensayar**	répéter
el apuntador	le souffleur	**estrenar**	inaugurer
apuntar	souffler	**el estreno**	la première
representar	jouer (une pièce)	**actuar**	jouer (pour l'acteur)

Expressions et phrases

los cómicos de la legua	les comédiens ambulants
estar en primera fila	être aux premières loges
salir al escenario	entrer en scène
entrar entre bastidores	entrer dans les coulisses
sacar localidades	prendre des places

EL CINE		LE CINÉMA	
una película	un film	**una cámara**	une caméra
un oeste	un western	**el cámara**	le cameraman
un documental	un documentaire	**un plano**	un plan
un cineasta	un cinéaste	**un primer plano**	un premier plan
un realizador	un metteur en scène	**una vuelta atrás**	un flash-back
el guión	le scénario	**el trucaje**	le trucage
el guionista	le scénariste	**el doblaje**	le doublage
el actor	l'acteur	**los subtítulos**	les sous titres
la actriz	l'actrice	**la productora**	la maison de production
un extra	un figurant		
trabajar bien	bien jouer	**un reestreno**	une reprise
el reparto	la distribution	**el festival**	le festival
rodar	tourner	**el palmarés**	le palmarès
el rodaje	le tournage	**la estatuilla**	l'oscar
el operador	l'opérateur		

Expressions et phrases

una película basada en una novela	un film tiré d'un roman
a cámara lenta	au ralenti
llevar a la pantalla	porter à l'écran
repetir una toma	reprendre une prise de vue
Fue una película muy taquillera.	Ce fut un film à succès.
la entrega de los Oscar	la remise des Oscar
Llega a la cúspide de su carrera.	Elle arrive au sommet de sa carrière.
Es el guapo de la película.	C'est le jeune premier.
película apta para menores	film autorisé aux mineurs
el mundo de la farándula	le monde du spectacle

34. LAS LETRAS — LES LETTRES

Vocabulaire général

LA LITERATURA — LA LITTÉRATURE

las letras	les lettres
literario	littéraire
un literato	un homme de lettres
un escritor	un écrivain
un poeta	un poète
un novelista	un romancier
el humanismo	l'humanisme
una corriente literaria	un courant littéraire
una antología	une anthologie
la escritura	l'écriture
la narrativa	l'art du récit
un género	un genre
el libro	le livre
un libraco	un bouquin
el volumen (volúmenes)	le volume
el título	le titre
titularse	s'intituler
un manuscrito	un manuscrit
inédito	inédit
anónimo	anonyme
póstumo	posthume
un texto	un texte
el tema	le thème
la página	la page
la hoja	la feuille
las cuartillas	les feuillets
un folio	un feuillet
una obra	une œuvre
el borrador	le brouillon
el relato	le récit
el narrador	le narrateur
relatar	raconter
describir	décrire
la leyenda	la légende
la epopeya	l'épopée
épico	épique
fantástico	fantastique
el fondo	le fond
la forma	la forme
el estilo	le style
el discurso	le discours
imitar	imiter
plagiar	plagier
un plagio	un plagiat
plagiario	plagiaire
el éxito	le succès
la fama	la renommée
la gloria	la gloire
la posteridad	la postérité

LA POESÍA — LA POÉSIE

poético	poétique
lírico	lyrique
el lirismo	le lyrisme
un poema	un poème
la musa	la muse
la inspiración	l'inspiration
una estrofa	une strophe
una copla	une strophe de quatre vers
un verso	un vers
el ritmo	le rythme
la rima	la rime
un octosílabo	un octosyllabe
el alejandrino	l'alexandrin
la aliteración	l'allitération
el acento tónico	l'accent tonique
una palabra llana	un mot accentué sur l'avant-dernière syllabe
una palabra aguda	un mot accentué sur la dernière syllabe
una palabra esdrújula	un mot accentué sur l'ante pénultième syllabe
la fonética	la phonétique
un soneto	un sonnet
una cuarteta	un quatrain
un romance	un romance
una letrilla	un rondeau

una oda	une ode
el cantar de gesta	la chanson de geste
un himno	un hymne
una elegía	une élégie
elegíaco	élégiaque

LA NOVELA	LE ROMAN
novelesco	romanesque
novelístico	qui a trait au roman
el protagonista	le protagoniste
el héroe	le héros
la heroína	l'héroïne
la trama	la trame
el cuento	le conte
un cuento de hadas	un conte de fées
el cuentista	le conteur
la fábula	la fable
el fabulista	le fabuliste
la moraleja	la morale
un diario	un journal
un cuaderno de viaje	un carnet de voyage
el género epistolar	le genre épistolaire
la novela rosa	le roman à l'eau de rose
la novela policiaca, policíaca	le roman policier

LA OBRA DE TEATRO	LA PIÈCE DE THÉÂTRE
la tragedia	la tragédie
trágico	tragique
la comedia	la comédie
el drama	le drame
dramático	dramatique
patético	pathétique
lo cómico	le comique
el cómico	le comédien
el gracioso	le bouffon
el confidente	le confident
el intérprete	l'interprète
la réplica	la réplique
el monólogo	le monologue

LA FILOSOFÍA	LA PHILOSOPHIE
el filósofo	le philosophe
el epicurismo	l'épicurisme
el escepticismo	le scepticisme
el estoicismo	le stoïcisme
el existencialismo	l'existentialisme
la metáfisica	la métaphysique

Expressions et phrases

el miedo a la página en blanco	la peur de la page blanche
escribir a vuela pluma	écrire au fil de la plume
Le piden autógrafos.	On lui demande des autographes.
Se discierne el premio literario.	On décerne le prix littéraire.
Es la consagración de su obra.	C'est la consécration de son œuvre.
a lo largo del relato	tout au long du récit
seguir al pie de la letra	suivre au pied de la lettre
ir en busca de inspiración	être en quête d'inspiration

LOS ENCUENTROS Y ESCUELAS	LES RENCONTRES ET LES ÉCOLES
el café literario	le café littéraire
el café musical	le café concert
un club	un club
una camarilla	un clan
un círculo	un cercle
una sala de lectura	une salle de lecture
un congreso	un congrès
un seminario	un séminaire

EL COMENTARIO DE TEXTO — LE COMMENTAIRE DE TEXTE

enfocar	orienter
encabezar	être en tête
analizar	analyser
comentar	commenter
explicar	expliquer
poner de realce	mettre en valeur
aclarar	éclairer
dilucidar	élucider
interpretar	interpréter
empezar	commencer
proseguir	poursuivre
desarrollar	développer
aludir	faire allusion
sugerir	suggérer
citar	citer
una cita	une citation
una alusión	une allusion
un pormenor	un détail
explícito	explicite
implícito	implicite
el párrafo	le paragraphe
el hilo conductor	le fil conducteur
unas palabras clave	des mots clef

EL CARÁCTER DEL TEXTO — LE CARACTÈRE DU TEXTE

la tonalidad	le ton
pintoresco	pittoresque
un documento	un document
un capítulo	un chapitre
un fragmento de novela	un passage de roman
un artículo	un article
un recorte de prensa	une coupure de presse
un informe	un rapport
una relación	un compte-rendu
un ensayo	un essai
una parodia	une parodie
autobiográfico	autobiographique
burlesco	burlesque
divertido	drôle
culto	savant
un acierto	une réussite
el matiz despectivo	la nuance péjorative
el registro	le registre
el léxico	le lexique

EL ESTILO, LOS PROCEDIMIENTOS — LE STYLE, LES PROCÉDÉS UTILISÉS

un giro	une tournure
un tópico	un lieu commun
un lugar común	un lieu commun
un artificio	un artifice
el recurso	le moyen, la ressource
conciso	concis
denso	dense
la estructura	la structure
el esquema	le schéma
la alegoría	l'allégorie
alegórico	allégorique
la metáfora	la métaphore
metafórico	métaphorique
la imagen	l'image
el monólogo interior	le monologue intérieur
la vuelta hacia atrás	le retour en arrière
una comparación	une comparaison
un cotejo	une comparaison
la insistencia	l'insistance
un tema recurrente	un thème récurrent
un tema obsesivo	un thème obsédant
un leitmotivo	un leitmotiv
una redundancia	une redondance
la colocación	la place
la posición final	la place (en fin de vers, de phrase)
la trascendencia	la transcendance
el alcance	la portée

Expressions et phrases

una lengua depurada	une langue épurée
un estilo refinado	un style raffiné
una palabra rebuscada	un mot recherché
Se vale de artificios	Il utilise des artifices.
las notas a pie de página	les notes en bas de page
Hay que leer entre renglones	Il faut lire entre les lignes.
recalcar los puntos esenciales	souligner les points essentiels
poner de manifiesto los giros particulares	mettre en évidence les tournures particulières
dicho en buen romance	pour parler clair
Bien se ve que...	On voit bien que...
Nos enteramos de que...	Nous apprenons que...
por parte del autor	de la part de l'auteur
Nos extraña que lo diga así	Cela nous étonne qu'il le dise ainsi.
la elección de los calificaticos	le choix des adjectifs
Consiguen el efecto contrario	Ils obtiennent l'effet contraire.
Infunde expresividad.	Cela donne un caractère expressif.
Confiere emoción.	Cela confère une certaine émotion.

VIII. EL MUNDO

35. EL TIEMPO — LE TEMPS

Vocabulaire général

transcurrir	s'écouler
el transcurso	le cours
pasar	passer
fluir	couler
durar	durer
duradero	durable
la duración	la durée
permanente	permanent
continuo	continuel
perpetuo	perpétuel
momentáneo	momentané
sucesivo	successif
consecutivo	consécutif
instantáneo	instantané
transitorio	transitoire
prematuro	prématuré
simultáneo	simultané
inmediato	immédiat
efímero	éphémère
temporal	temporel
intemporal	intemporel
contemporáneo	contemporain
coetáneo	contemporain
provisional	provisoire
cronológico	chronologique
sincronizar	synchroniser
el cronómetro	le chronomètre
cronometrar	chronométrer
anacrónico	anachronique
eterno	éternel
la eternidad	l'éternité
una época	une époque
una era	une ère
un periodo	une période
periódico	périodique
un decenio	une décennie
una década	une décade
el presente	le présent
el pasado	le passé
el futuro	le futur
el porvenir	l'avenir
antiguo	ancien
reciente	récent
actual	actuel
lejano	lointain
remoto	très ancien
tardío	tardif
previo	préalable
un rato	un moment
un momento	un moment
un instante	un instant
un sinfín	une infinité
el retraso	le retard
el atraso	le retard
un plazo	un délai
la tardanza	la lenteur
entretenerse	perdre son temps
aplazar	remettre à plus tard
inaplazable	qu'on ne peut ajourner
tardar	tarder
demorarse	traîner
prorrogar	proroger
anterior	antérieur
posterior	postérieur
anticipar	anticiper
el cabo	le bout
acabar	achever
recabar	finir
anteponer	faire passer avant
la posguerra	l'après-guerre
presuponer	présupposer

Vocabulaire spécialisé (adverbes de temps)

a menudo	fréquemment	**nunca**	jamais
muchas veces	souvent	**jamás**	jamais
pocas veces	rarement	**a largo tiempo**	longtemps après
tal vez	peut-être	**a corto plazo**	à court terme
alguna vez	parfois	**a medio plazo**	à moyen terme
a veces	quelquefois	**a largo plazo**	à long terme
de vez en cuando	de temps en temps	**cuanto antes**	le plus tôt possible
de cuando en cuando	de temps en temps	**a tiempo**	à temps
		con tiempo	en prenant son temps
de pronto	soudain	**de momento**	pour le moment
de repente	soudain	**por el momento**	pour le moment
de antemano	d'avance	**al momento**	à l'instant
pronto	bientôt	**en el momento en que**	au moment où
temprano	tôt		
tarde	tard	**a un tiempo**	en même temps
todavía	encore	**por momentos**	sans cesse
aún	encore	**a ratos**	par moments
mientras tanto	pendant ce temps	**en adelante**	désormais
durante	pendant	**de ahora en adelante**	à partir de dorénavant
en seguida	tout de suite		
siempre	toujours		

Expressions et phrases

hasta mañana	à demain
hasta luego	au revoir
hasta pronto	à bientôt
hasta el viernes	à vendredi
desde 1953	depuis 1953
desde hace 3 años	depuis 3 ans
Data del siglo XVI.	Il date du XVIe siècle.
Está fechada en 1550.	Elle est datée de 1550.
en aquel tiempo	à cette époque-là
para siempre jamás	à tout jamais
nunca más	jamais plus
de un tiempo a esta parte	depuis un certain temps
Hace mucho tiempo que lo sé.	Il y a longtemps que je le sais.
Hacía mucho tiempo que no te veía.	Il y avait longtemps que je ne t'avais pas vu.
Andando el tiempo, lo olvidaré.	Avec le temps, je l'oublierai.
Cuando pueda, te lo diré.	Quand je pourrai, je te le dirai.
Mientras no venga, esperaré.	Tant qu'il ne sera pas venu, j'attendrai.
Seguiré trabajando hasta que llegue.	Je continuerai de travailler jusqu'à ce qu'il arrive.
Ya es tiempo de que nos marchemos.	Il est grand temps que nous partions.
dedicar tiempo a une actividad	consacrer du temps à une activité
¿Cuánto tiempo llevas aquí?	Depuis combien de temps es-tu ici ?
pasado el tiempo	une fois passé un certain temps

recuperar el tiempo perdido — rattraper le temps perdu
No tengo bastante tiempo como para divertirme. — Je n'ai pas le temps de m'amuser.
el antiguo presidente — l'ancien président
cuanto antes mejor — Le plus tôt sera le mieux.
Más vale tarde que nunca. — Mieux vaut tard que jamais.
Ya no viene. — Il ne vient plus.
No vendrá más. — Il ne viendra plus.
cada cosa a su tiempo. — chaque chose en son temps

EL DÍA — LE JOUR

la mañana	le matin
el alba	l'aube
la aurora	l'aurore
la madrugada	le petit jour
madrugar	se lever de bon matin
amanecer	le lever du jour
el mediodía	midi
la tarde	l'après-midi
el atardecer	la fin d'après-midi
el anochecer	la tombée de la nuit
el crepúsculo	le crépuscule
anochecer	tomber (pour la nuit)
la noche	la nuit

Vocabulaire spécialisé

por la mañana	le matin
al mediodía	à midi
en pleno día	en plein milieu de la journée
por la noche	le soir
de noche	de nuit
anoche	hier soir
hoy	aujourd'hui
ayer	hier
anteayer	avant-hier
mañana	demain
pasado mañana	après demain
al día siguiente	le lendemain
la víspera	la veille
mañana por la mañana	demain matin
hoy por hoy	aujourd'hui
hoy en día	aujourd'hui
ahora	maintenant
algún día	un jour
cada día	chaque jour
a diario	chaque jour
al día	au jour le jour
diario	quotidien
cotidiano	quotidien

Expressions et phrases

el día 9 de los corrientes — le 9 du mois courant
En los días venideros vendremos a Barcelona. — Nous viendrons à Barcelone les jours qui viennent.
Dentro de tres días , me marcharé. — Dans trois jours, je partirai.
En dos días, no lo puedo conseguir. — En deux jours, je ne peux pas y arriver.
Vendrá el lunes próximo. — Il viendra lundi prochain.
Vive al día. — Elle vit au jour le jour.
Mañana será otro día. — Nous verrons demain.
el día menos pensado — Le jour où je m'y attendais le moins.
Viene a verla para matar la tarde. — Elle vient passer l'après-midi avec elle pour tuer le temps.
Se les hizo de noche. — La nuit les surprit.

Se le hará más corta la noche.	La nuit passera plus vite pour vous.

LA HORA / L'HEURE

es la una	il est une heure	**la aguja**	l'aiguille
son las dos	il est deux heures	**el segundero**	l'aiguille des secondes
son las tres y media	il est trois heures et demie	**el reloj de pulsera**	la montre bracelet
son las tres menos cuarto	il est trois heures moins le quart	**el reloj de pared**	l'horloge
son las diez y diez	il est dix heures dix	**el reloj de mesa**	le réveil, la pendulette
media hora	une demi heure	**el despertador**	le réveil matin
un minuto	une minute	**un reloj de cuarzo**	une montre à quartz
un segundo	une seconde	**un reloj de péndulo**	une horloge à balancier, une pendule

Expressions et phrases

Dan las ocho.	Huit heures sonnent.
Da la media de las nueve.	La demie de neuf heures sonne.
dar cuerda al reloj	remonter sa montre
estar a punto de salir	être sur le point de sortir
las horas punta	les heures de pointe
una milésima de segundo	un millième se seconde
¿Qué hora es por favor?	Quelle heure est-il s'il vous plaît ?
Le preguntó la hora.	Il lui a demandé l'heure.
sobre las cuatro	vers quatre heures
Son las diez y pico.	Il est dix heures et quelque.
Se nos pasaban las horas.	On ne voyait pas le temps passer.
Lo puedo hacer en una hora.	Je peux le faire en une heure.
Llegaremos dentro de una hora.	Nous arriverons dans une heure.

LA SEMANA / LA SEMAINE

semanal	hebdomadaire	**jueves**	jeudi
hebdomadario	hebdomadaire	**viernes**	vendredi
lunes	lundi	**sábado**	samedi
martes	mardi	**domingo**	dimanche
miércoles	mercredi	**dominical**	dominical

Expressions et phrases

¿Qué día estamos?	Quel jour sommes-nous ?
Somos el martes 10 de diciembre.	Nous sommes le mardi 10 décembre.
Cae en jueves.	Cela tombe un jeudi.
Un día de entre semana	un jour de semaine
Los miércoles suelo ir al cine.	Le mercredi, je vais souvent au cinéma.
una vez cada dos semanas	tous les quinze jours

EL MES		LE MOIS	
el calendario	le calendrier	**abril**	avril
la agenda	l'agenda	**mayo**	mai
mensual	mensuel	**junio**	juin
trimestral	trimestriel	**julio**	juillet
semestral	semestriel	**agosto**	août
un trimestre	un trimestre	**septiembre**	septembre
un semestre	un semestre	**octubre**	octobre
enero	janvier	**noviembre**	novembre
febrero	février	**diciembre**	décembre
marzo	mars		

Expressions et phrases

por Navidad	vers Noël
mediado el mes de mayo	à la mi-mai
En abril las aguas mil.	En avril, ne te découvre pas d'un fil.
en los umbrales de mayo	au début du mois de mai

EL AÑO, EL SIGLO		L'ANNÉE, LE SIÈCLE	
anual	annuel	**el verano**	l'été
bisanual	bisannuel	**veraniego**	estival
una estación	une saison	**el estío**	l'été
el invierno	l'hiver	**estival**	estival
invernal	hivernal	**el otoño**	l'automne
la primavera	le printemps	**otoñizo**	automnal
primaveral	printanier		

Vocabulaire spécialisé

el centenario	le centenaire	**un siglo**	un siècle
el aniversario	l'anniversaire (commémoration)	**secular**	séculaire
		seglar	séculier
el cumpleaños	l'anniversaire (d'une personne)	**un milenio**	un millénaire
		milenario	millénaire

Expressions et phrases

al cabo de los años	après tant d'années
en el 98	en 98
Va para un año	Cela va faire un an.
Me quedaré un par de años.	Je resterai deux ans.
al alborear el siglo XVIII	à l'aube du XVIIIe siècle
en el doblar del siglo	au tournant du siècle

36. LA GEOGRAFÍA — LA GÉOGRAPHIE

Vocabulaire général

geográfico	géographique
el mapa	la carte
la tierra	la terre
el planeta	la planète
planetario	planétaire
el universo	l'univers
el cosmos	le cosmos
cósmico	cosmique
universal	universel
el mundo	le monde
mundial	mondial
el hemisferio	l'hémisphère
un continente	un continent
el espacio	l'espace
el cielo	le ciel
el agua	l'eau
los puntos cardinales	les points cardinaux
el norte	le nord
norteño	du nord
el sur	le sud
sureño	du sud
el oeste	l'ouest
el este	l'est
el noroeste	le nord-ouest
el nordeste	le nord-est
occidental	occidental
oriental	oriental
septentrional	septentrional
meridional	méridional
una región	une région
una comarca	une province
una zona	une zone
los alrededores	les environs
un lugar	un lieu
un sitio	un endroit
los lugareños	les habitants d'un lieu

LA TIERRA — LA TERRE

terrestre	terrestre
terráqueo	terrestre (le globe)
la superficie	la surface
la faz de la tierra	la surface de la terre
subterráneo	souterrain
el ecuador	l'équateur
el trópico	le tropique
el polo norte	le pôle nord
el polo sur	le pôle sud
la Antártida	l'Antarctique
el círculo polar	le cercle polaire
una península	une péninsule
una isla	une île
un archipiélago	un archipel
un islote	un îlot
insular	insulaire
un cabo	un cap
un altiplano	un plateau
una meseta	un plateau
una llanura	une plaine
una planicie	une plaine
un llano	une plaine
llano	plat
un páramo	une lande
la aridez	l'aridité
rocoso	rocheux
arenoso	sablonneux
un arenal	une sablière
una estepa	une steppe
una sabana	une savane
un desierto	un désert
desértico	désertique
yermo	stérile
un oasis	une oasis
el paisaje	le paysage
el panorama	le panorama
panorámico	panoramique
la inmensidad	l'immensité
la grandiosidad	le caractère grandiose
un rincón	un coin
el relieve	le relief
el barro	la terre

LOS BOSQUES — LES BOIS

el monte	le bois
la selva	la forêt vierge
selvático	forestier
lujuriante	luxuriant
la jungla	la jungle
el espesor	l'épaisseur
la espesura	le fourré
el matorral	le buisson
la maleza	les broussailles
la maraña	la broussaille
una mata	une touffe
un bejuco	une liane
tupido	épais
coposo	touffu
un claro	une clairière

Expressions et phrases

por estos parajes	dans ces contrées
próxima a Francia	proche de la France
en el Finisterre de Europa	au fin fond de l'Europe
las entrañas de la tierra	les entrailles de la terre
la tierra madre	la terre nourricière
un paisaje fascinante	un paysage fascinant
La superficie abarca más de 800 km cuadrados.	La surface dépasse 800 km carrés.
hasta perderse la vista	à perte de vue

LA MONTAÑA — LA MONTAGNE

montañoso	montagneux
una sierra	une chaîne de montagnes
la serranía	la région montagneuse
una cumbre	un sommet
una cima	une cime
un pico	un pic
los picos nevados	les pics enneigés
una cresta	une crête
un risco	un rocher escarpé
una roca	une roche
una peña	un rocher
un peñasco	un rocher
un peñón	un rocher
el punto culminante	le point culminant
los contornos	les contours, le pourtour
una quebrada	un ravin
una garganta	une gorge
un puerto	un col
un macizo	un massif
un cerro	une colline
la vertiente	le versant
la pendiente	la pente
la loma	le coteau
la falda	le flanc
la ladera	le versant
una cueva	une grotte
una quiebra	une crevasse
nevar	neiger
la nieve	la neige
la nevada	la chute de neige
el ennivamiento	l'enneigement
un alud	une avalanche
la nieve perpetua	les neiges éternelles
el deshielo	le dégel
derretirse	fondre
los Pirineos	les Pyrénées
los Alpes	les Alpes
los Andes	les Andes

Expressions et phrases

la alta montaña	la haute montagne
pasar el puerto	passer le col
atravesar una barrera de montaña	traverser une barrière montagneuse
a los pies de la montaña	au pied de la montagne
ir cuesta abajo	descendre la pente
ir cuesta arriba	remonter la pente
la barrera pirenaica	la barrière pyrénéenne
la cresta blanqueada por la nieve	la crête blanchie par la neige

EL VOLCÁN — LE VOLCAN

el vulcanismo	le volcanisme
una erupción	une éruption
el cráter	le cratère
la lava	la lave
las cenizas volcánicas	les cendres volcaniques
una colada de lava	une coulée de lave
un volcán dormido	un volcan éteint

LOS RÍOS, LOS LAGOS — LES FLEUVES, LES LACS

la fuente	la source
el curso	le cours
la corriente	le courant
brotar	surgir
manar	jaillir
el cauce	le lit
el lecho	le lit
correr	couler
la profundidad	la profondeur
navegable	navigable
la cascada	la cascade
una caída	une chute d'eau
un remolino	un remou
el caudal	le débit
caudaloso	abondant
transparente	transparent
cristalino	cristallin
turbio	trouble
aluviones	des alluvions
un torrente	un torrent
un riachuelo	un ruisseau
un arroyo	un ruisseau
un chorro	un jet
un surtidor	un jet d'eau (ornemental)
una gota	une goutte
un lago	un lac
una laguna	une lagune
un estanque	un étang
un pantano	un lac de barrage
un embalse	un lac de barrage
la desembocadura	l'embouchure
una ría	une ria (large estuaire)
un delta	un delta
un afluente	un affluent
la crecida	la montée des eaux
la riada	la crue
desbordarse	déborder
la inundación	l'inondation

Expressions et phrases

cruzar el río	traverser la rivière
un río revuelto	un fleuve agité
aguas bravías	des eaux agitées
Se mete en el mar.	Il se jette dans la mer.
la cuenca amazónica	le bassin amazonien
un curso de más de 5000 km	un cours de plus de 5000 km
el agua dulce	l'eau douce
el Tajo	le Tage

el Sena	la Seine
las aguas estancadas	les eaux stagnantes
salir de madre	déborder, sortir de son lit
aguas tormentosas	des eaux tourmentées
corriente abajo	en aval
corriente arriba	en amont
desviar el curso de un río	détourner le cours d'un fleuve
la recogida de aguas pluviales	la canalisation des eaux pluviales

EL MAR — LA MER

marino	marin	**un arrecife**	un récif
marítimo	maritime	**un escollo**	un écueil
una ola	une vague	**un atolón**	un atoll
el oleaje	la houle	**un iceberg**	un iceberg
el flujo	le flux	**la marea**	la marée
el reflujo	le reflux	**un maremoto**	un raz de marée
la costa	la côte	**un alga (las algas)**	une algue
el litoral	le littoral	**el océáno Atlântico**	l'océan Atlantique
el horizonte	l'horizon	**el mar Mediterráneo**	la mer Méditerranée
la orilla	la rive		
una bahía	une baie	**el mar Báltico**	la mer Baltique
una ensenada	une anse	**el océáno Índico**	l'océan Indien
una cala	une crique	**la Mancha**	la Manche
un acantilado	une falaise	**el mar Rojo**	la mer Rouge
un golfo	un golfe	**el mar Negro**	la mer Noire
el estrecho	le détroit	**el nivel del mar**	le niveau de la mer
engolfarse	se plonger	**el bajamar**	la marée basse
una duna	une dune	**el pleamar**	la marée haute
el salitre	le sel de mer		

Expressions et phrases

la franja costera	la bande côtière
la costa brava	la côte sauvage
una costa recortada	une côte découpée
una costa rocosa	une côte rocheuse
una playa de arena	une plage de sable
la cuenca mediterránea	le bassin méditerranéen
La marea está baja.	La marée est basse.

EL VIENTO, EL CIELO — LE VENT, LE CIEL

la nube	le nuage	**una ráfaga**	une rafale
la niebla	le brouillard	**una racha**	une rafale
la neblina	le brouillard	**un torbellino**	un tourbillon
la bruma	la brume	**el ventisco**	la bourrasque
la brisa	la brise	**la borrasca**	la bourrasque
el cierzo	la bise	**la luna**	la lune
el poniente	le vent d'ouest	**el sol**	le soleil
el levante	le vent d'est	**una estrella**	une étoile
el relente	le serein	**la salida del sol**	le lever du soleil
la tramontana	la tramontane	**la puesta del sol**	le coucher du soleil

el arrebol	l'embrasement du ciel	**el cenit**	le zénith
el plenilunio	la pleine lune		

Expressions et phrases

un eclipse de sol	une éclipse de soleil
un cielo cuajado de estrellas	un ciel parsemé d'étoiles
dormir al amor de las estrellas	dormir à la belle étoile
al sereno	à la belle étoile
Se ha levantado el viento	Le vent s'est levé.
mirar hacia lo alto	regarder en haut
estar en las nubes	être dans les nuages
una bocanada de aire fresco	une bouffée d'air frais
azotado por los vientos	battu par les vents
nacer con strella	naître sous une bonne étoile
la luna creciente	La lune montante
la luna menguante	le dernier quartier de lune

37. ENTORNO Y ECOLOGÍA
ENVIRONNEMENT ET ÉCOLOGIE

Vocabulaire général

el medio ambiente	l'environnement	**perjudicar**	porter préjudice
la naturaleza	la nature	**dañino**	nuisible
el ecosistema	l'écosystème	**nocivo**	nocif
el hábitat (los hábitats)	l'habitat	**una plaga**	un fléau
		un peligro	un danger
la ecología	l'écologie	**un riesgo**	un risque
un ecologista	un écologiste	**vital**	vital
un daño	un dommage	**mortal**	mortel
dañar	endommager	**una víctima**	une victime

CATÁSTROFES, CAUSAS Y EFECTOS CATASTROPHES, CAUSES ET EFFETS

un desastre ecológico	un désastre écologique	**los gases de escape**	les gaz d'échappement
un cataclismo	un cataclysme	**los aerosoles**	les aérosols
la contaminación	la pollution	**los vertederos**	les décharges
contaminar	polluer	**los vertidos industriales**	les déchets industriels
contaminante	polluant		
el humo	la fumée	**los residuos de pesticidas**	les résidus de pesticides

los incendios forestales	les incendies de forêt	**asolar**	dévaster
lo nuclear	le nucléaire	**castigar**	frapper
el peligro atómico	le danger atomique	**desertizar**	désertifier
la basura radiactiva	les déchets radioactifs	**el destrozo**	les dégâts
las lluvias ácidas	les pluies acides	**el deterioro**	la détérioration
la matanza de animales	le massacre d'animaux	**el cambio climático**	le changement climatique
un depredador	un prédateur	**el recalentamiento**	le réchauffement
el petróleo	le pétrole	**el Niño**	el Niño
estropear	abîmer	**la desertización**	la désertification
asfixiar	asphyxier	**el efecto invernadero**	l'effet de serre
ahogar	étouffer	**la extinción**	l'extinction
sofocar	suffoquer	**el cáncer de piel**	le cancer de la peau
extinguir	détruire	**la marea negra**	la marée noire
gastar	user	**la catástrofe nuclear**	la catastrophe nucléaire
matar	tuer		

Expressions et phrases

el naufragio de un petrolero	le naufrage d'un pétrolier
limpiar fondos	dégazer
los fallos de seguridad de una central nuclear	les défaillances dans la sécurité des centrales nucléaires
los barriles radiactivos	les fûts radioactifs
el mercado negro del marfil	le marché noir de l'ivoire
esquilmar la selva	épuiser la forêt
el agujero en la capa de ozono	le trou dans la couche d'ozone
Las algas invaden las costas.	Les algues envahissent les côtes.
Hectáreas de bosques perecieron calcinados.	Des hectares de bois ont péri calcinés.
la falta de oxígeno	le manque d'oxygène
la magnitud del desastre	l'ampleur du désastre
La Antártida se derrite.	L'Antarctique fond.

Vocabulaire général

PROPUESTAS Y SOLUCIONES — PROPOSITIONS ET SOLUTIONS

Icona (Instituto para la Conser vación de la Naturaleza)	Icona	**un detractor**	un détracteur
		un defensor	un défenseur
		proteger	protéger
		amparar	protéger
los Verdes	les Verts	**defender**	défendre
los Ecologistas	les Écologistes	**denunciar los desmanes**	dénoncer les excès
el Plan de Emergencia	le Plan ORSEC	**clasificar**	classer
una protesta	une protestation		

EN LA NATURALEZA — DANS LA NATURE

un parque nacional	un parc national	**el patrimonio de la Humanidad**	le patrimoine de l'Humanité
una reserva	une réserve	**el turismo verde**	le tourisme vert

Expressions et phrases

Fue clasificada reserva de la biosfera.	Elle a été classée réserve de la biosphère.
aumentar la vigilancia forestal	accroître la surveillance forestière
ofrecer recorridos por ecomuseos	offrir des circuits à travers les écomusées
promover el desarrollo sostenible	promouvoir un développement durable
regular la caza y la recolección	réglementer la chasse et la cueillette
Nace el ecoturismo.	Le tourisme écologique est né.

EN LA VIDA COTIDIANA — DANS LA VIE QUOTIDIENNE

reducir	réduire	**un casco desechable**	un verre perdu
reutilizar	réutiliser	**un envase recuperado**	un emballage récupéré
reciclar	recycler	**un envase reciclado**	un emballage recyclé
la separación de residuos	le tri des ordures	**el papel reciclado**	le papier recyclé
el reciclado	le recyclage	**la recogida selectiva**	la collecte sélective
un envase no retornable	un emballage perdu		

Expressions et phrases

extender las depuradoras	augmenter le nombre des centrales d'épuration
utilizar productos biodegradables	utiliser des produits biodégradables
respetar las consignas de seguridad	respecter les consignes de sécurité

EN LA INDUSTRIA — DANS L'INDUSTRIE

una energía limpia	une énergie propre	**una energía renovable**	une énergie renouvelable
una energía alternativa	une énergie alternative	**un captador solar**	un capteur solaire
		una placa solar	un panneau solaire

Expressions et phrases

recuperar el aluminio de las latas	récupérer l'aluminium des boîtes de conserve
procesar la basura	traiter les ordures
una planta de residuos tóxicos	une usine de traitement des déchets toxiques
la parada definitiva de un reactor	l'arrêt définitif d'un réacteur
respetar el derecho de las generaciones futuras	respecter le droit des générations futures

38. METEO Y CLIMA — MÉTÉO ET CLIMAT

climático	climatique
la atmósfera	l'atmosphère
atmosférico	atmosphérique
la temperatura	la température
templado	tempéré
continental	continental
tropical	tropical
ecuatorial	équatorial
desértico	désertique
árido	aride
húmedo	humide
seco	sec
mojado	mouillé
la humedad	l'humidité
la sequedad	la sécheresse (état de)
una sequía	une sécheresse (période de)
enfriarse	se refroidir
calentarse	se réchauffer
llover	pleuvoir
lluvioso	pluvieux
la lluvia	la pluie
un aguacero	une averse
una nube	un nuage
nublado	nuageux
nuboso	nuageux
la nubosidad	la nébulosité
soleado	ensoleillé
el hielo	la glace, le gel
una helada	une gelée
la escarcha	le givre
el granizo	la grêle
la tormenta	l'orage
el bochorno	la chaleur lourde
la tempestad	la tempête
el trueno	le tonnerre
el relámpago	l'éclair
relampaguear	lancer des éclairs
ensombrecerse	s'assombrir
clarear	s'éclaircir
amainar	se calmer
el rayo	la foudre
un pararrayo	un paratonnerre
el viento	le vent
ventoso	venteux
fuerte	fort
flojo	faible
una borrasca	une bourrasque
el vendaval	la tourmente
el calor	la chaleur
cálido	chaud
caluroso	chaud (journée, temps...)
caliente	chaud
el frío	le froid
riguroso	rigoureux
el rigor	la rigueur

Expressions et phrases

Tengo frío.	J'ai froid.
pasar frío	souffrir du froid
pasar calor	souffrir de la chaleur
Hace un calor inaguantable.	Il fait une chaleur insupportable.
las neblinas del amanecer	les brumes matinales
el aire pesado	l'air lourd
una tarde calurosa	une après-midi chaude
la ventisca de aguanieve	la bourrasque de neige fondue
Da el sol.	Le soleil donne.
Cae un sol de fuego.	Un soleil d'enfer cogne.
durante las horas más calurosas del día	pendant les heures les plus chaudes de la journée
Llueve a cántaros.	Il pleut à seau.
un viento huracanado	un vent violent

a ráfagas	en rafales
Arrecia la lluvia.	La pluie redouble.

LA METEO — LA MÉTÉO

el pronóstico	les prévisions	**inestable**	instable
claro	clair	**aplacarse**	se calmer
el claror	la clarté	**el anticiclón**	l'anticyclone
despejado	dégagé	**el estado de la mar**	l'état de la mer
soleado	ensoleillé	**la calma chicha**	le calme plat
abrasar	embraser	**marearse**	avoir le mal de mer
cubierto	couvert	**mar gruesa**	mer grosse
pasajero	passager	**el cabrilleo**	le moutonnement
intérvalos nubosos	des intervalles nuageux	**una corriente caliente**	un courant chaud
movedizo	changeant	**una corriente fría**	un courant froid

Expressions et phrases

Amaneció nublado.	À l'aube le ciel était couvert.
Se disipan las nubes.	Les nuages se dissipent.
una columna de agua	une trombe d'eau
Despeja el cielo.	Le ciel se dégage.
Clarea el cielo.	Le ciel s'éclaircit.
¡ Ojalá no llueva !	Pourvu qu'il ne pleuve pas !
Amenaza lluvia.	La pluie menace.
Lo que el viento se llevó.	Autant en emporte le vent.
el aire marino	l'air marin
el aire salino	l'air salin
un mar de aceite	une mer d'huile
un mar alborotado	une mer agitée
Se oye el rumor del mar.	On entend la rumeur de la mer.
Se oye el fragor del trueno.	On entend le fracas du tonnerre.
a mares	abondamment
Los vientos soplaron moderados.	Les vents ont soufflé de façon modérée.
entre dos horas	entre chien et loup

39. CAMPO Y PLANTAS
CAMPAGNE ET PLANTES

LA VIDA DEL CAMPO — LA VIE DE LA CAMPAGNE

un campesino	un paysan	**el labrador**	l'agriculteur
un aldeano	un villageois	**el labriego**	le petit cultivateur
un villano	un paysan	**un peón**	un ouvrier agricole

Expressions et phrases

en pleno campo	en pleine campagne
a traviesa campo	à travers champs
el campo raso	la rase campagne
el apego a la tierra	l'attachement à la terre
el pueblo llano	le menu peuple

EL PUEBLO, LA CASA — LE VILLAGE, LA MAISON

un lugar	un village
un poblado	un bourg
una aldea	un village
un caserío	un hameau
una casona	une demeure
el ejido	le terrain communal
una choza	une chaumière
la granja	la ferme
la alquería	la ferme
el caserío	la ferme basque
el granero	le grenier
el henar	le grenier à foin
la troj	le grenier
el cobertizo	le hangar
la fuente	la fontaine
el lavadero	le lavoir
el abrevadero	l'abreuvoir
una yunta de bueyes	un attelage de bœufs
una recua de mulas	une troupe de mules
el yugo	le joug
uncir	atteler
la esquila	la clochette
un cerco	une clôture
cercar	clôturer
un seto vivo	une haie vive
la albarda	le bât
la cesta	le panier
el esparto	le sparte
un leño	une bûche

Expressions et phrases

las bestias de carga	les bêtes de somme
unas casas cubiertas de bálago	des maisons couvertes de paille
Lleva patatas a espuertas.	Il transporte des pommes de terre dans un cabas.
Algunas casas están sin blanquear.	Certaines maisons ne sont pas blanchies à la chaux.
limpio de polvo y paja	net, sans défaut
ir por lana y volver trasquilado	tel est pris qui croyait prendre

EL HUERTO — LE JARDIN

el jardín	le jardin d'agrément
el vergel	le verger
los bancales	les terrasses cultivées
el pasero	le séchoir à raisins
la pasa	le raisin sec
el hortelano	le jardinier
el jardinero	le jardinier

Vocabulaire général

LAS PLANTAS — LES PLANTES

la vegetación	la végétation
vegetal	végétal
la flora	la flore
montaraz	sauvage
agreste	sauvage
la simiente	la semence
germinar	germer
la raíz (raíces)	la racine
la savia	la sève
la corteza	l'écorce
un palo	un bâton
la flor	la fleur
el ramo	le bouquet
un ramillete	un bouquet
el tallo	la tige
las espinas	les épines
un brote	une pousse
el capullo	le bouton
el tronco	le tronc
retorcido	tordu
los sarmientos	les sarments
sarmentoso	rabougri
la rama	la branche
florecer	fleurir
abrirse	éclore
florido	fleuri
el follaje	le feuillage
una hoja	une feuille
deshojarse	perdre ses feuilles
caduco	caduc
perenne	persistant
caer	tomber
marchitarse	se faner
fructificar	fructifier
frondoso	touffu
la hojarasca	les feuilles mortes

LOS ÁRBOLES — LES ARBRES

el álamo	le peuplier
el chopo	le peuplier
el roble	le chêne rouvre
la encina	le chêne vert
el alcornoque	le chêne liège
la bellota	le gland
el haya (las hayas)	le hêtre
el plátano	le platane
el abedul	le bouleau
el tilo	le tilleul
el arce	l'érable
el sauce	le saule
el sauce llorón	le saule pleureur
el fresno	le frêne
la acacia	l'acacia
una conífera	un conifère
el pino	le pin
la piña	la pomme de pin
la resina	la résine
el cedro	le cèdre
el ciprés	le cyprès
el alerce	le mélèze
el abeto	le sapin
el eucalipto	l'eucalyptus
un pinar	une pinède
un hayedo	une hêtraie
un robledal	une chênaie
un castañar	une châtaigneraie
la arboleda	le bosquet
la alameda	l'allée plantée d'arbres

ARBOLES EXÓTICOS — ARBRES EXOTIQUES

la palma	le palmier
la caoba	l'acajou
el jebe	l'hévéa
el caucho	le caoutchouc
el cocotero	le cocotier
la datilera	le palmier dattier
el dátil	la datte
el bambú	le bambou
una planta cáctea	un cactée

Expressions et phrases

los árboles despojados — les arbres dépouillés
adentrarse en el bosque — pénétrer dans la forêt
Da sombra a la terraza. — Il fait de l'ombre à la terrasse.
sentarse a la sombra — s'asseoir à l'ombre

LOS ARBUSTOS / LES ARBUSTES

el boj	le buis
la zarzamora	le mûrier
el espino blanco	l'aubépine
la retama	le genêt
la adelfa	le laurier rose
la mimosa	le mimosa
el rododendro	le rhododendron
el jazmín	le jasmin
la azalea	l'azalée
el laurel	le laurier
una mata	une touffe
un matorral	un buisson
la maleza	le fourré

PLANTAS TREPADORAS / PLANTES GRIMPANTES

la hiedra	le lierre
la madreselva	le chèvrefeuille
la buganvilla	la bougainvillée
la glicina	la glycine
la viña loca	la vigne vierge

PLANTAS SILVESTRES / PLANTES SYLVESTRES

el helecho	la fougère
el berzo	la bruyère
el cantueso	la lavande
el espliego	la lavande
el romero	le romarin
el tomillo	le thym
el hinojo	le fenouil
el carrizo	le roseau
el junco	le jonc
la salvia	la sauge
la hierba luisa	la citronnelle
la mejorana	la marjolaine
la albahaca	le basilic
el ajonjolí	le sésame
la mora	la mûre

Expressions et phrases

en cierne — en fleur, en herbe
¡Yerba mala, no muere! — Il n'y a pas pire que la mauvaise herbe.

ARBOLES FRUTALES Y FRUTAS / ARBRES FRUITIERS ET FRUITS

el manzano	le pommier
la manzana	la pomme
el peral	le poirier
la pera	la poire
el albaricoquero	l'abricotier
el albaricoque	l'abricot
el ciruelo	le prunier
la ciruela	la prune
el nogal	le noyer
la nuez	la noix
el avellano	le noisetier
la avellana	la noisette
el almendro	l'amandier
la almendra	l'amande
la higuera	le figuier
el higo	la figue
el cerezo	le cerisier
la cereza	la cerise
la frambuesa	la framboise
la grosella	la groseille
el granado	le grenadier
la granada	la grenade

el aguacate	l'avocat	**el melón**	le melon
la piña	l'ananas	**la sandía**	la pastèque
el mango	la mangue		

Expressions et phrases

un árbol cuajado de frutas	un arbre chargé de fruits
dar sus frutos	porter ses fruits
recoger frutas	ramasser des fruits
coger flores	cueillir des fleurs
talar los árboles	tailler les arbres
arrancar	arracher

LAS FLORES — LES FLEURS

fresco	frais	**la begonia**	le bégonia
lozano	beau et frais	**la petunia**	le pétunia
la lozanía	la beauté, la fraîcheur	**la caléndula**	le souci
la rosa	la rose	**la capuchina**	la capucine
el rosal	le rosier	**el jacinto**	la jacinthe
la espina	l'épine	**la lila**	le lilas
el clavel	l'œillet	**la peonía**	la pivoine
el lirio	l'iris	**el junquillo**	la jonquille
la azucena	le lys	**el narciso**	le narcisse
el lirio de los valles	le muguet	**la primavera**	la primevère
		la violeta	la violette
el tulipán	la tulipe	**la margarita**	la marguerite
el geranio	le géranium	**la margarita de los prados**	la pâquerette
el gladiolo	le glaïeul		
la dalia	le dahlia	**la amapola**	le coquelicot
la camelia	le camélia	**la siempreviva**	l'immortelle
la orquídea	l'orchidée	**el gladíolo**	le glaïeul
la anémona	l'anémone	**la fucsia**	le fuchsia
el pensamiento	la pensée	**la pervinca**	la pervenche

LOS HONGOS — LES CHAMPIGNONS

una seta	un champignon sauvage	**un boleto**	un bolet
		el lactario	le lactaire délicieux
un champiñón	un champignon de couche	**la seta de cardo**	la pleurote
		el mízcalo	la girolle

LAS VERDURAS — LES LÉGUMES

la espinaca	l'épinard	**la remolacha**	la betterave
el calabacín	la courgette	**el guisante**	le petit pois
el rábano	le radis	**la lenteja**	la lentille
la zanahoria	la carotte	**el salsifí**	le salsifis
el puerro	le poireau	**el espárrago**	l'asperge
la col	le chou	**el apio**	le céleri
la coliflor	le chou fleur	**el pimiento**	le poivron
el nabo	le navet	**la escarola**	la scarole

40. ANIMALES — ANIMAUX

Vocabulaire général

la fauna	la faune	**el lomo**	le dos
el macho	le mâle	**el casco**	le sabot (du cheval)
la hembra	la femelle	**el rabo**	la queue
un bicho	une bête	**la cola**	la queue
las patas	les pattes	**la teta**	le pis
el hocico	le museau	**el pico**	le bec
el cuerno	la corne		

ANIMALES DOMÉSTICOS — ANIMAUX DOMESTIQUES

domesticar	domestiquer	**el pastor alemán**	le berger allemand
domar	dompter	**el braco**	le braque
amansar	apprivoiser	**un perro rastrero**	un limier
amaestrar	dresser	**el dogo**	le dogue
el perro	le chien	**el galgo**	le lévrier
perruno	canin	**el perro de lanas**	le caniche
un chucho	un toutou	**un bastardo**	un bâtard
el gato	le chat	**un mestizo**	un bâtard
la raza	la race	**el collar**	le collier
corredor	rapide à la course	**el bozal**	la muselière
ladrador	aboyeur	**la traílla**	la laisse
el pedigrí	le pedigree	**la correa**	la laisse

LOS MAMÍFEROS — LES MAMMIFÈRES

el caballo	le cheval	**el tigre**	le tigre
el potro	le poulain	**el leopardo**	le léopard
la mula	la mule	**la pantera**	la panthère
el asno	l'âne	**el jaguar**	le jaguar
el burro	l'âne	**la hiena**	la hyène
el freno	le mors	**el lobo**	le loup
la crin	le crin	**el lobezno**	le louveteau
el estribo	l'étrier	**el chacal**	le chacal
el trote	le trot	**el elefante**	l'éléphant
el galope	le galop	**el rinoceronte**	le rhinocéros
el dromedario	le dromadaire	**el bisonte**	le bison
el camello	le chameau	**el búfalo**	le buffle
la llama	le lama	**la gacela**	la gazelle
una fiera	un fauve	**la jirafa**	la girafe
feroz	féroce	**el hipopótamo**	l'hippopotame
un felino	un félin	**el oso**	l'ours
manchado	tacheté	**el oso panda**	le panda
listado	rayé	**el oso polar**	l'ours polaire
leonado	fauve (la couleur)	**el lince**	le lynx
atigrado	tigré	**el mono**	le singe
el león	le lion	**el gorila**	le gorille

el chimpancé	le chimpanzé	**la nutria**	la loutre
el ciervo	le cerf	**el tejón**	le blaireau
el corzo	le chevreuil	**el armiño**	l'hermine
el zorro	le renard	**el hurón**	le furet
la marmota	la marmotte	**el erizo**	le hérisson
la gamuza	le daim	**la liebre**	le lièvre

LAS AVES — LES OISEAUX

un ave	un oiseau	**el gorrión**	le moineau
un pájaro	un oiseau	**el ruiseñor**	le rossignol
las plumas	les plumes	**el martín pescador**	le martin-pêcheur
las garras	les serres	**el pinzón**	le pinson
el nido	le nid	**el petirrojo**	le rouge-gorge
migratorio	migrateur	**el cuco**	le coucou
un ave de presa	un oiseau de proie	**el estornino**	l'étourneau
el águila	un aigle	**el búho**	le hibou
el cóndor	le condor	**el mochuelo**	le hibou
el buitre	le vautour	**la lechuza**	la chouette
el halcón	le faucon	**el loro**	le perroquet
el gavilán	l'épervier	**la cotorra**	la perruche
el azor	l'autour	**la tórtola**	la tourterelle
la paloma torcaz	le ramier	**la cigüeña**	la cigogne
el mirlo	le merle	**el flamenco**	le flamand rose
la urraca	la pie	**el ánsar**	l'oie sauvage
la golondrina	l'hirondelle	**el ánade**	le canard sauvage
la alondra	l'alouette	**el cisne**	le cygne
el jilguero	le chardonneret	**la gaviota**	la mouette
el vencejo	le martinet	**el cormorán**	le cormoran
el tordo	la grive	**el pavo real**	le paon

LOS INSECTOS — LES INSECTES

un enjambre	un essaim	**el grillo**	le grillon
la cigarra	la cigale	**el saltamontes**	la sauterelle
la hormiga	la fourmi	**la mariquita**	la coccinelle
la mariposa	le papillon	**la cucaracha**	le cafard
la abeja	l'abeille	**el piojo**	le pou
la mosca	la mouche	**el chinche**	la punaise
el avispón	le frelon	**la araña**	l'araignée
la pulga	la puce	**la telaraña**	la toile d'araignée
la garabata	la tique	**el dardo**	le dard
el tábano	le taon	**el aguijón**	le dard
el mosquito	le moustique	**la picadura**	la piqûre

LOS PECES — LES POISSONS

un pez	un poisson	**el rascacio**	la rascasse
la aleta	la nageoire	**el erizo de mar**	l'oursin
la espina	l'arête	**el cangrejo de mar**	le crabe
las agallas	les ouïes	**el cangrejo de río**	l'écrevisse
las escamas	les écailles	**la ballena**	la baleine
la trucha	la truite	**el delfín**	le dauphin
la carpa	la carpe	**el tiburón**	le requin
el barbo	le barbeau	**la foca**	le phoque
la anguila	l'anguille	**el lobo de mar**	le loup de mer

OTROS ANIMALES — AUTRES ANIMAUX

la rana	la grenouille	**la ardilla**	l'écureuil
el sapo	le crapaud	**el topo**	la taupe
el caracol	l'escargot	**el murciélago**	la chauve-souris
la babosa	la limace	**un reptil**	un reptile
la concha	le coquillage	**la serpiente**	le serpent
la medusa	la méduse	**reptar**	ramper
el pulpo	le poulpe	**venenoso**	venimeux
los tentáculos	les tentacules	**la culebra**	la couleuvre
la centolla	l'araignée de mer	**la víbora**	la vipère
el gusano	le ver	**el cocodrilo**	le crocodile
un roedor	un rongeur	**el lagarto**	le lézard
roer	ronger	**la lagartija**	le lézard
el ratón	la souris	**la tortuga**	la tortue
la rata	le rat		

MOVIMIENTOS Y COSTUMBRES — MOUVEMENTS ET HABITUDES

revolotear	voleter	**rumiar**	ruminer
aletear	battre des ailes	**picotear**	picorer
el aleteo	le battement d'aile	**mordisquear**	mordiller
serpentear	serpenter	**morder**	mordre
culebrear	serpenter	**devorar**	dévorer
trotar	trotter	**arañar**	griffer
brincar	bondir	**picar**	piquer
volar	voler	**envenenar**	envenimer
cernerse	planer	**anidar**	nicher
sobrevolar	survoler	**el huevo**	l'œuf
surcar los cielos	sillonner le ciel	**hacer la invernada**	hiverner
erguir la cabeza	dresser la tête	**hibernar**	hiberner
acechar	guetter	**la madriguera**	le terrier
olfatear	flairer	**la guarida**	le repaire
husmear	flairer	**el cubil**	le gîte
husmeador	fureteur	**el escondrijo**	la cachette
huronear	fureter	**una ratonera**	une souricière

Vocabulaire spécialisé (cris d'animaux)

trinar	gazouiller	**cacarear**	caqueter
silbar	siffler	**aullar**	hurler
relinchar	hennir	**rugir**	rugir
resoplar	souffler	**el ladrido**	un aboiement
rebuznar	braire	**un silbido**	un sifflement
ladrar	aboyer	**el cacareo**	le caquetage
maullar	miauler	**el aullido**	le hurlement
ronronear	ronronner	**el rugido**	le rugissement

Expressions et phrases

¡Qué animalada!	Quelle bêtise !
una porquería	une cochonnerie
estar de morros	faire la tête
a contrapelo	à rebrousse-poil
a gatas	à quatre pattes
hacer el oso	être ridicule
estar con la mosca en la oreja	avoir la puce à l'oreille
llevar las ovejas descarriadas al redil	ramener les brebis égarées au bercail
El oso se alimenta de bayas.	L'ours se nourrit de baies.
mirarle a uno con ojos de perro apaleado	regarder quelqu'un avec des yeux de chien battu
ojos de lechuza	des yeux de chouette
ojos de lince	des yeux de lynx
dejar rienda suelta	laisser la bride sur le cou
un miedo cerval	une peur panique
Le da alas.	Il le laisse libre.
Me pone la carne de gallina.	Cela me donne la chair de poule.
un pájaro de mal agüero	un oiseau de mauvais augure

IX. ANNEXES

Chapitre 1

• Expressions et phrases, 1er paragraphe, p. 8

Ces locutions adverbiales expriment la manière. Elles sont composées d'un adjectif au féminin pluriel, précédé de la préposition a (plus rarement en). Dans ces locutions, le référent s'est perdu ou est sous-entendu (on peut imaginer : « cosas », « maneras », « condiciones » : mots au féminin pluriel suivis de l'adjectif .

Par exemple : **a ciegas** (ciego : aveugle ; a ciegas : de façon aveugle, à l'aveuglette)

• Expressions et phrases, 2e paragraphe, p. 8 et Vocabulaire spécialisé, p. 10

Les suffixes -ada et -azo permettent d'exprimer un coup donné avec un objet ou une partie du corps.

Au sens propre, par exemple : un martillo (un marteau), **un martillazo** (un coup de marteau).

Ou bien au sens figuré, par exemple : un ojo (un œil), **una ojeada** (un coup d'œil).

En général, -azo exprime un coup donné avec un objet tranchant, ou un coup violent ; -ada exprime un coup donné avec un objet pointu ; mais il y a de nombreux exemples contraires.

Chapitre 4

• Vocabulaire spécialisé, p. 27

Dans cette série d'exemples, comme dans certains mots expliqués plus haut, le pronom complément représente un substantif sous-entendu. On peut imaginer : **la vida**, **la guerra**, **la suerte**... ou un référent que l'on n'ose pas nommer (**la muerte**).

Chapitre 7

• Vocabulaire spécialisé, p. 38

Ces mots composés d'un verbe et d'un substantif correspondent à des outils ou appareils ménagers ; ils s'écrivent en un seul mot.

• Expressions et phrases, 1er paragraphe, p. 39

Dans ces expressions, la conjonction « que » correspond à la forme **tener que** ; de là, la formation du mot **quehacer** : travail (tengo mucho que hacer). Par ailleurs, pour exprimer le travail non fait et à faire, plusieurs prépositions peuvent être utilisées : **por** : à faire, **sin** : non fait, donc à faire.

Chapitre 30

• Vocabulaire spécialisé, p. 116

Les suffixes -al et -ar indiquent un terrain planté de tel ou tel arbre ou culture : par exemple : **el maíz, un maizal.**
D'autres suffixes expriment la même idée : **el haya, un hayedo.**

VERBES QUI DIPHTONGUENT

Certains verbes en espagnol ont une voyelle du radical qui devient diphtongue, aux trois personnes du singulier et à la troisième personne du pluriel, du présent de l'indicatif et du subjonctif.

Il s'agit du « e » qui devient « ie » ; du « o » qui devient « ue » lorsque cette syllabe est accentuée dans la conjugaison.

Les verbes qui diphtonguent peuvent présenter d'autres irrégularités.

E > IE

acertar
apacentar
arrendar
ascender
atender
aventar
cegar
conferir
descender
diferir
disentir
enmendar
entretenerse
heder
mentir
nevar
perder
provenir
querer
regar
sembrar
sugerir
transferir
verter
adherirse
apretar
arrepentirse
asentir
atravesar
calentar
cerrar
convertir
detener
discernir
empezar
entender
extender
herir
negar
pensar
presentir
quebrar
referirse
segar
sentir
temblar
tropezar

O > UE

acordar
acostarse
absolver
aprobar
avergonzarse
colgar
contar
denostar
empezar
entender
descontar
doler
encontrar
holgar
jugar
moler
morir
oler
probar
recordar
revolver
soler
sonar
tostar
volar
volver
acordarse
apostar
almorzar
asolar
cocer
consolar
costar
disentir
enmendar
descolgar
disolver
dormir
envolver
hollar
llover
morder
moverse
poblar
promover
renovar
rodar
soltar
soñar
tronar
volcarse

Achevé d'imprimer en juin 2007 dans les ateliers de Normandie Roto Impression s.a.s., 61250 Lonrai
N° d'impression : 071703. Dépôt légal : juin 2007. Imprimé en France